事実によりて

福音の証言

西田恵一郎・西田　玄

目次

第二章　歩み…… 51

第三章　共に……　93

イラスト　竹脇麻衣

第一章　学び……

1　正しく生きる

――わたしは自分の望む善は行わず、望まない悪を行っている（ローマ七章一九節）

すべての法律の基ともいえる十戒の第五戒は「なんじ殺すなかれ」と命じています。たとえ人を殺したことがなくても、「兄弟を憎む者は皆、人殺しです」（一ヨハネ三章一五節）と語っていますから、憎しみを持ったら十戒の第五戒を破ったことになります。また、十戒の第六戒は「なんじ姦淫するなかれ」とも命じています。「みだらな思いで他人の妻を見る者はだれでも、既に心の中でその女を犯したのである」（マタイ五章二八節）とありますから、そのまなざしのうちに、十戒の第六戒を犯したことになるのです。

目に見える形での罪は、目に見えない内面の罪が表面化しただけです。心の中で罪を犯したことがない人はひとりもいないでしょう。そうなると、「正しい者はいない。一人もいない」（ローマ三章一〇節）ということになります。では、正しくないわたしたちは、どうしたら正しく生きることができるのでしょうか。世の中には「真面目に正しく生きてきたし、良心に責められることはしていない。正しくないなどと言われるのは心外だ」という人もいれば、「正しくなんて生きなくていい。今が楽しければそれでいい」という人もいるかもしれません。

しかし、正しく生きるということは、自分の中だけ、または他人に向けたものではなく、神に対しての責任です。自分の中で楽しいと満足しても、他人に迷惑をかけていないと思ってみても、神に対して顔向けができない生き方は、常に罪責感や不安がいっぱいです。聖書がいうところの「罪」とは、良心的罪責感や道徳的・社会的な不正義を含みますが、それだけではありません。罪とは神との交わりを破り、自分勝手な行動に身をゆだねることを表しており、神からの離反を意味します。創世記の堕罪物語が罪の本質をよく描き出していると思います。

最初の人間は、蛇の誘惑に負けて「善悪を知る木」からその実を取って食べてしまいます。「善悪を知る木」とはすべてを知る、つまり神のようになるということですから、人間は傲慢の罪に陥ってしまったのです。アウグスティヌスは「傲慢はすべての罪の始まりであり、人間の傲慢の始まりは神からの離脱である」と言いましたが、人間は被造物として在るがままにいればよかったのにもかかわらず、創造者と同じになろうと思い上がってしまったのです。こうして、神と人間の関係が壊れてしまいました。

救済〈和解〉とは、神と人間との関係が回復されることで、神との平和な関係が取り戻されること、自分対自分、自分対社会、自分対自然の関係にも和合が生まれてくるということです。ですから、救済には、時に身体的健康や癒し、充実した生、希望ある生、和合のある共生などが含まれているのです。こうして確かに救済の望みは与えられました。では、どのようにしてその望みは実現できるのでしょうか。おぼれた人は、自分で自分を助けることはできません。誰かに助けてもらうしかありません。罪の泥沼に陥ってしまった人間は、自分をそこから救い上げることはできません、救ってくれる人を待つしかありません。そこで、神はご自身の独り子であるイエス・キリストを救い主としてこの世に送ってくださいました。そして、わたしたちの罪の身代わりとして、その独り子を十字架につけられることにより、わたしたちの罪の代価をすべて支払ってくださったのです。

正しく聖なる神の怒りを鎮め、一度は壊れてしまった神と人間の関係を取り持つための仲介者となってくださったのがイエスです。イエスは神と人間の間を妨げていた罪の力、悪魔の力、死の力を打ち破って、わたしたちを罪から解放してくださいました。この救済の業が確かに完成したことの証明がイエスの復活です。イエスは単に生き返ったのではなく、新しい命へと復活したのです。新しい命が復活から始まったのです。そして、イエスの復活は、わたしたちのための新しい命の始まりでもあったのです。ですから、死んで葬られ、三日目に復活されたこのお方を信じる者は、新しい命を始めることができるのです。この上なくありがたく、うれしいことです。「だから、キリストと結ばれる人はだれでも、新しく創造された者なのです。古いものは過ぎ去り、新しいものが生じた」（二コリント五章一七節）と書いてあるとおりです。

毎週日曜日に行われている礼拝は、このイエスの復活を記念して行われています。イエス・キリストの十字架と復活を信じ、新しい命を始めたキリスト者にとって、礼拝出席は「ねばならない」以上の意味があるのです。つまり、主日の礼拝は新しい週の始まりを告げるというものではなく、復活された主イエスを思い、イエスを復活させた創造主なる神の前に出て、この方との交わりの時を持つことなのです。

現代は、善悪が曖昧で「すべきこと」「すべきでないこと」がはっきりと教えられなくなっているように思われます。わたしたちは、聖書を規範とした善悪あるいは「べき」「べきでない」をもっと子どもや青少年たちに教えるべきではないでしょうか。もちろん教条的、高圧的、権威主義的にではなく、たとえ受け入れられなくても、自信をもって教えてもよいのではないかと考えます。

正しく生きるとは、真面目に生きるとか、品行方正に生きるのとは少し違うように思います。正しく生きるとは、顔をまっすぐに神に向けて上げ、礼拝という神との交わりを持ちながら、与えられた使命に生きることではないでしょうか。

2　最も大いなるものは愛

――心を込めて愛し合いなさい。愛は多くの罪を覆うからです（一ペトロ四章八節）

ありのままの自分を見つけ出して、そのままの自分を受け入れることは大切ですし、必要です。その過程で心しておかねばならないことに目を向けてみましょう。エミー・カーマイケルの文章を手がかりに考えます。

もし自分を甘やかして
自己憐憫の甘さの中に浸っているならば、
神から受ける恵みによって勇気をふるうことを
もししないならば、
その時わたしは
カルバリ[1]の愛をまったく知らない。

ありのままの自分を受け入れることは、自己憐憫とは違います。自己憐憫は、自己逃避を誘います。陸上競技のレースに例えるなら、あれこれ理由を並べてスタートラインに着こうとしないこと、一方、ありのままの自分を受け入れるという自己受容は、覚悟を決めて潔くスタートラインに着いてレースに臨むことです。もうひとつ引用します。

もしわたしが
わたしを支配するならば、
わたしの考えが
絶えず自分自身をめぐって
動くだけであるならば、
自分のことで頭がいっぱいになり
〈己にとらわれないゆったりとした心〉を
持つことがほとんどできないならば、
その時わたしは
カルバリの愛をまったく知らない。

「私が私に対して責任を取らないとしたらいったい誰が私に対して責任を取るだろう。しかし、私が私に対してしか責任を取らないとしたら、それでも私は私であるのだろうか」。[2] これはカルバリの十字架で贖罪の死を遂げたイエスを辿る言葉だといえます。いわゆる「我と汝（他者性・内なる我）」の対話が自己発見の作業であり、それは「己にとらわれる」ことでは決してなく、「他者」としてのイエスとのかかわりの中で生まれるのです。

自分の外に出るというのは、他なるものを配慮するということです。他なるものの苦しみと死を、自分自身の死を、気遣うより先に気遣うということです。それが心の喜びから出来るというふうに言っているわけではまったくありません。またそれがたやすいことだと言っているのでもありません、ましてやそれが存在することへの恐怖とか存在することの倦怠とかに対する治癒であるとか、存在する努力に対する治癒であるとか言うのではさらにありません、それは自分から気をそらす方法では全くないのです。[3]

従って、カーマイケルがいう「カルバリの愛をまったく知らない」は、イエスとは別のものになってしまう、イエスとはかかわらないものになってしまうということです。

日本語では一様に「愛」としか訳されていませんが、ギリシア語では（新約聖書はもともとギリシア語で書かれました）「愛」をあらわすのに四つの単語を使い分けます。

エロス　欠如への渇望を本質とする恋愛・性愛。真善美にあこがれる純化された哲学的衝動
ストルゲー　親兄弟のいつくしみあう心。ひろく、人間や生物への思いやり
フィリア　友愛、親愛、愛。自然発生的な人情、友愛の情
アガペー　神の愛。（相手を）大切にすること、主体的に積極的に尊重する愛

の四つです。[4]

このうち新約聖書に用いられているのはフィリアとアガペーだけです。「アガペー」は神の愛です。「神は、独り子を世にお遣わしになりました。その方によって、わたしたちが生きるようになるためです。ここに、神の愛がわたしたちの内に示されました」（一ヨハネ四章九節）。父なる神も子なるイエスもわたしたちのためなら犠牲をいとわなかった。それ程までも人間を「大切に思った」（愛した）のです。神から離れるという罪を犯し、その結果としてあらゆる汚れや悪に陥ってしまった人間のために神は独り子を世に遣わされました。そして、独り子イエスは神であるにもかかわらず人となり、わたしたちのために十字架上でご自分を捧げられました。この愛を体験したのが、二千年前の初代教会の人たちでした。それまでの人生で思いも及ばなかった愛、想

像もできなかった愛を体験したのです。

そして、この愛は今も変わっていません。この愛は「神から出るもの」(一ヨハネ四章七節)で、人間が持っているものではないのです。人間が失ったものと言ってもよいでしょう。十字架につけられる前夜、イエスは弟子たちに遺言しました。「あなたがたに新しい掟を与える。わたしがあなたがたを愛したように、あなたがたも互いに愛し合いなさい」(ヨハネ一三章三四節)と。ヨハネの手紙でも繰り返し勧められています。「愛する者たち、互いに愛し合いましょう。愛は神から出るもので、愛する者は皆、神から生まれ、神を知っているからです」(一ヨハネ四章七節)。生きる意味(目的・目標)は、この愛を「追い求める」(一コリント一四章一節)ことではないでしょうか。神と人、人と人が互いに愛し合うことを追い求める行為の継続が人生そのものなのです。その過程で、他の三つの愛も、より豊かに深められてゆくことに気づくかもしれません。

3　自分を受け入れる

――彼らは……わたしの栄光のために創造し、形づくり、完成した者（イザヤ四三章七節）

「ありのまま」「そのまま」「自分らしく」「自然体」などという言葉を最近よく耳にし、目にするようになったと思います。これらの言葉は昔から使われていたもので、特に新しい概念ではないはずですが、「ありのまま」とか「そのまま」という言葉を聞くとなんとなく今風な印象を受けます。それが現代に生きる人たちの切実な必要を響かせるからかもしれません。「ありのままでいいんだよ」とか「そのままでいいじゃない」のひと言は「甘い！」と一喝されそうな気がしなくもないのですが、現代のような複雑なストレスに囲まれている人たちにとってホッとさせてくれる言葉なのかもしれません。

ビリー・ジョエルにこんなヒット曲があります。「Don't go changing, to try and please me. 僕を喜ばせようと思って、イメージ・チェンジなんかしないでおくれ」と始まり、「I'll take you just the way you are. 今のままの君でいいんだ」、「I want you just the way you are. 今のままの君が欲しいんだ」、「I love you just the way you are. 今のままの君を愛しているんだ」と

「Just the way you are. 素顔のままで〈ありのままで〉」が繰り返されます。

素顔のままで

僕を喜ばせようと思って　イメージ・チェンジなんかしないでおくれ
今までの君で　僕は満足だよ
ありふれているから　飽きられてしまうなんて思っちゃダメだよ
どんな時だって　君を離しはしない
ここまで来た僕たちだもの
楽しい時を受け入れてきた僕さ　つらい時だって　心よく受け入れよう
最新流行の服なんて着ないでおくれ　髪の色も変えちゃダメだよ
口には出して言わないかも知れないけれど　いつも君のことを想っているのさ
気のきいた会話なんていらないよ　疲れるだけだもの
気やすく話せる相手が欲しいんだ
今のままの君が欲しいんだよ
君がいつまでも　昔のままでいてくれたら　それでいいのさ
僕が君を信じてるのと同じように　僕のこと　信じてほしいんだ

愛しているよ　ずっと永遠に
心から　君に誓う
これ以上深くは愛せないくらいさ
今のままの君が　僕は欲しいんだ(5)

「ありのままの君でいいんだ」とビリーは歌うのですが、これがなかなかうまくいきません。恋人同士は嫌われたくないからと、家では親がうるさいから、また職場では上司や同僚とぶつかりたくないからと、ありのままの自分、あるいは本当の（と自分が思う）自分を押し殺して、周りと合わせてしまう人が少なくないでしょう。周りと合わせようとして疲れ切っている人がいる一方で、逆にいつもありのままの自分でいるために、周囲と衝突しては消耗している人もいるかもしれません。こういうとき、わたしたちは自分を卑下したり、あるいは周りの人たちを悪く言ったりしてしまいます。そうした傾向は健全とはいえません。ではいったいどうすればよいのでしょう。まずは、よいところも悪いところも、またよいとも悪いとも言えない曖昧で不確かな自分自身をもすべて、そのまま受け入れてみてはどうでしょう。自分でも「なかなかいいな」と思う部分も見つかれば、「もうすこしこうだったらいいのになあ……」とできることならば変えたいと思うところにも気づくことでしょう。それらのすべてを、現時点での自分なのだと、とにかく受け入れてしまうのです。

「それでよし。これ以上何も努力する必要なし」と言っているわけではありません。駅前の地図やショッピングセンターの案内図などには必ず現在地が赤い丸や矢印で示されていますが、「現在地」にずっととどまっていたい人はいませんし、いられるわけでもありません。人にはそれぞれ目的地があり、友人宅を訪問するにしろ、お目当ての店に行くにしろ、行きたいのは「そこ」なのです。人間として成長することにおいても、現在の自分に百パーセント満足している人は少ないでしょうが、とにもかくにも現時点でのそのままの自分から始めるしかないのが現実です。今の自分が理想の自分ではないとか、周りから期待されている自分ではないからといって立ち止まってしまわず、現実の状況や現在の自分をありのまま受け入れて、そこから始めるしかないのです。もちろん実行は口で言うほど簡単ではありません。「やってみようか……始めるか……」と決心したとたんに「待ってました」とばかりに非難や失敗や邪魔の集中攻撃を浴びるものです。そして「やっぱりダメか」という敗北感に襲われるのです。

スイス人の精神科医で執筆家でもあったポール・トゥルニエは、

この世では、少なくとも一人の人に理解されている、あるいは愛されていると感じることなくして、自由に成長して充実した生き方を見出すことはできない。(6)

と言いました。

もしかしたら、あなたはだれも「ありのままの自分」を理解し受け入れてくれないと思っているのかもしれません。しかし、あなたを「創造し、形づくり、完成した」(イザヤ四三章七節)神は間違いなくありのままのあなたを理解し、受け入れ、愛してくださっています。なぜなら、その神があなたをあなたとして造られたのですから。それならば……と、あなたもありのままの自分を受け入れてみてはどうでしょうか。

4 信・望・愛をもって

――信仰と、希望と、愛、この三つは、いつまでも残る（一コリント一三章一三節）

心で見なくちゃ、ものごとはよく見えないってことさ。かんじんなことは目に見えないんだよ。(7)

これは多くの人たちに愛読されているサン・テグジュペリの『星の王子さま』の中で、キツネが地球にやってきた星の王子さまに言ったことばです。

聖書は、「わたしたちは見えるものではなく、見えないものに目を注ぎます。見えるものは過ぎ去りますが、見えないものは永遠に存続するからです」（二コリント四章一八節）と語ります。

最近、「心の時代」、「心の教育」、「心のケア」ということがしきりに言われています。これは、わたしたちが見えるものではなく、見えないものに真剣に目を注がなくてはならないということの現れではないでしょうか。

ここでのテーマは「信」「望」「愛」です。信は信仰の信、望は希望の望、愛は文字通り愛のことです。どれも目には見えません。しかし、とても大切であることは誰もがよく知っています。「愛」については既に述べましたので、「信仰」と「希望」に目を注いでみましょう。

ヨハネの手紙一の三章一六節には次のように記されています。

イエスは、わたしたちのために、命を捨ててくださいました。そのことによって、わたしたちは愛を知りました。だから、わたしたちも兄弟のために命を捨てるべきです。

命を「与える」ことこそ愛だというのです。『塩狩峠』(8)に登場する永野政雄は、自分のからだを線路に投げ出して、暴走する列車の乗客を救いました。「兄弟のために命を捨て」たのです。「わたしには、とうていそんなことはできない」と思うでしょう。福音書の中に五つのパンと二匹の魚で五千人が養われたという記事が出てきます（ヨハネ六章一～一五節）。そのわずかなパンと魚を持っていたのは一人の少年で、それは彼の大切なお弁当だったのかもしれません。でも、彼はそれをイエスに差し出しました。イエスに「与えた」のです。それによって、五千人もの人々が満腹になったばかりか、一二の籠にいっぱいのパンのくずが残ったというのです。

他人《ひと》に自らの命を「与える」行為はわたしたちにはあまりに遠いものに思われます。しかし、わずかかもしれませんが、持っているものを出し惜しみせずに、また恩着せがましくもなく、誰にというのでもなく、「与える」ことはできるのではないでしょうか。そうしたさりげない見返りを求めない行為は、この少年がイエスに対したような気持で為したいものです。

さて、この少年は彼にとって大切なお弁当を、なぜイエスに差し出す（与える）ことができたのでしょうか。それは、彼には「信」つまり「信仰」があったからではないでしょうか。信仰というとなんとなく堅苦しくて、自分には無縁なことと感じるかもしれません。しかし、信仰を「神に対する全人格的な信頼」とか「自分の無力を知り、神に助けを求めること」と理解すれば、少しは身近に感じないでしょうか。それは、だれかを全面的に信頼することです。広辞苑（第四版）には、「信頼」ということばは「信じて頼ること」と説明されています。

少年はイエスと共に時を過ごすうちに、イエスの言葉や態度また雰囲気から「この人は頼りになる」と感じたのではないでしょうか。信じることには危惧が伴います。だまされるかもしれない、裏切られるかもしれない、期待外れに終わるかもしれないという不安です。これは恋愛、友情、結婚、学校、会社においても言えることです。誰かを、また何かを信じようとするならば、この心の冒険を避けて通ることはできません。この恐れを越えて、イエスを信じる決断をした少年の信仰に、イエスは五千人を養うという形で応えてくださいました。


信頼は、信頼を呼ぶ。

わたしが、あなたを信頼すればするほど、
あなたはもっと信頼にこたえてくれる。
信頼するとは、わたしの弱みをあなたにさらけ出すこと。
信頼するとは、傷つくことを恐れて、
傷つくことから自分を守ろうとしないこと。(9)

わたしたちは、誰かを信じて、また何かを信じて生きています。信じなくては生きてゆけません。自分が誰を信じ、何を信じているかをはっきりと知っている人は幸いです。イエスの弟子たちを信じ、そして何よりもイエスを信じることができたあの少年は幸いでした。

次に、「望」、すなわち希望についてです。わたしたちは皆、何らかの希望を持っているはずです。具体的なものもあれば、抽象的なものもあります。時には、自分が何を望んでいるのか分からなくなってしまうことがあるかもしれません。大切なのは最終的な希望をどこにおくかです。使徒ヨハネと使徒パウロは次のようにそれぞれ語っています。

神の幕屋が人の間にあって、神が人と共に住み、人は神の民となる。神は自ら人と共にいて、その神となり、彼らの目の涙をことごとくぬぐい取ってくださる。もはや死はなく、もはや

悲しみも嘆きも労苦もない。（黙示録二一章三〜四節）

すなわち、合図の号令がかかり、大天使の声が聞こえて、神のラッパが鳴り響くと、主御自身が天から降って来られます。すると、キリストに結ばれて死んだ人たちが、まず最初に復活し、それから、わたしたち生き残っている者が、空中で主と出会うために、彼らと一緒に雲に包まれて引き上げられます。このようにして、わたしたちはいつまでも主と共にいることになります。ですから、今述べた言葉によって励まし合いなさい。（一テサロニケ四章一六節〜一八節）

二人とも「主と共にいること」、また先に召された者たちと共にいることを最終的な希望としています。

我等《われら》は四人である
我らは四人であった、
而《しか》して今尚《な》ほ四人である、
戸籍帳簿に一人の名は消え、

四角い食台の一方は空《むな》しく、
四部合奏の一部は欠けて、
讃美の調子は乱されしと雖《いえど》も、
而《し》かも我等は今尚ほ四人である。

我らは今尚ほ四人である、
地の帳簿に一人の名は消えて、
天の記録に一人の名は殖《ふ》えた、
三度の食時に空席《くうせき》は出来たが、
残る三人はより親しく成った、
彼女は今は我等の衷《うち》に居る、
一人は三人を縛る愛の絆《きずな》となった。
然《しか》し我等は何時《いつ》までも斯《か》くあるのではない、
我等は後に又《また》前の如《ごと》く四人に成るのである、
神の笳《らっぱ》の鳴り響く時、
寝《ねぶ》れる者が皆《み》な起き上《あが》る時、

主が再《ふた》たび此地《このち》に臨《きた》り給《たま》ふ時、
新《あた》らしきエルサレムが天より降る時、
我等は再たび四人になるのである。(10)

内村鑑三が愛娘ルツ（子）を失った後に書いた詩です。ルツ享年一七と一〇ヶ月、彼の最終的な希望が定まった時でした。「俗界から聖界に入り、俗界の野心は消えましたが、まだ聖界の野心が残存していたといえるかもしれません。ルツとの決別は、その聖界の野心との決別をも与えたようです」と鈴木範久氏は解説しています。

ただ終末的希望にむやみにすがるのでは、現実を逃避することにもなりかねません。過程において起こる患難や苦難あるいは失望は避けられないからです。

使徒パウロは語ります。

このように、わたしたちは、信仰によって義とされたのだから、わたしたちの主イエス・キリストにより、神に対して平和を得ている。わたしたちは、さらに彼により、いま立っているこの恵みに信仰によって導き入れられ、そして、神の栄光にあずかる希望を持って喜んでいる。それだけではなく、患難をも喜んでいる。なぜなら、患難は忍耐を生み出し、忍耐は錬達を生み出し、錬達は希望を生み出すことを、知っているからである。そして、希望は失望に終ることはない。なぜなら、わたしたちに賜わっている聖霊によって、神の愛がわたしたちの心に注がれているからである。（ローマ五章一～五節、口語訳聖書）

信仰によって神との関係が回復され、わたしたちは神との愛の交わりの中に生きる者とされます。そして、多くの圧迫と困難に耐えながら練られた品性が身に着いてゆきます。練られた品性（錬達）は、度々火の中を通して鍛錬に鍛錬を加えた鋼《はがね》のようながっしりした人品であり、ゆるぎがない品性です。詩篇一一九篇七一節で詩人は「苦しみにあったことは、わたしに良い事です。これによってわたしはあなたのおきてを学ぶことができました」と告白しています。苦しまなければ、分からないことがある。苦しんで初めて、身に着くことがある。このようにして、わたしたちは、それぞれの『天路歴程』を歩んでいるのでしょう。その歩みの中で覚えておきたいのは、神の愛が常にわたしたちの心に注がれていることです。ですから、信仰をもつだけではなく、愛と生活の根源、その支配者である聖霊（神の霊）との交わりに与り、深い交わりに入りたいのです。そこに、それぞれの『天路歴程』を生きる力が存在しているからです。

5　充実した生を生きる

――すると、イエスが行く手に立っていて、「おはよう」と言われた……（マタイ二八章九節）

テーマは「生」です。それも「充実した生」についてです。つまり、どうすれば生きがいのある、または張りのある生活を送ることができるかということについて考えるのです。しかし、わたし自身が毎日「生きがい」に満ちて、「張りのある」日々を送っているわけではありませんので、正直なところどこから始めればよいのか戸惑いもあります。「今日も生きているのだから、明日も生きているだろう．そして、一〇年後も二〇年後もきっと生きているに違いない……」という程度にしか考えていなかったからです。わたしにとって「生」はずっと当たり前のことでした。「生」について、それも「充実した生」について真剣に考えるようになったのは、身近な者の死、そして死が最も近く感じられる病気に直面してからでした。祖母の死、次男の死、父への癌の告知と手術、妻の脳腫瘍の手術や放射線治療、それに追い打ちをかけるように襲ってきた心筋梗塞とその手術、その間にも、亡くなった次男と同じ病気で入退院を繰り返す三男の闘病生活……。死というものを、本人たちのすぐ後ろで感じながら、情けないことに「疲れた……、明日が来てほしくない」とか「消えてしまいたい」と思ったこともありました。

しかし、「やっぱり生きなきゃ」と思わせてくれ、「じゃあ、どのように生きたらいいのか」を教えてくれたのは、病んでいる本人たちでした。ある日、わたしは入院中の三男に会いに病院へ行きました。話の前後はよく覚えていませんが、彼の言った「生きたい」のひと言に、「やっぱり生きなくちゃ」と思いました。彼は六歳の時に自分の兄の死を経験しました。入院中は、同じ病棟にいた友だちが亡くなっていくのも見ています。そして、自分自身も病んでいます。死を常に身近に感じてきた彼の言葉には、実感と共に説得力がありました。彼の「生きたい」のひと言で、「生きなきゃ。それも、より良く、より楽しく生きなきゃ」と思わされたのです。「より充実した生」をと願っても、一年の半分近くを病院で過ごさなくてはならないという息子の現実は変わりません。もちろん彼にとって、それは不本意なことです。サッカーが大好きで、親バカかもしれませんが、スポーツセンス抜群の子ですから、外でボールを追いかけたり、走り回ったりしていたいことでしょう。「充実した生」というのは、何でも自分のしたいことができるからといって得られるものではないと思うのです。

人はいつか必ず死にます。その時期が早いか、遅いかの違いだけです。その違いはしばしば余りに大きく、また理不尽でもありますが、その訪れを避けることは誰にもできません。人は死を正面から見据えて、受け入れた時に初めて、どのように生きていくべきかが分かってくるものなのでしょうか。

フィリピの信徒への手紙四章一一～一二節には次のように記されています。

わたしは、自分の置かれた境遇に満足することを習い覚えたのです。貧しく暮らすすべも、豊かに暮らすすべも知っています。満腹していても、空腹であっても、物が有り余っていても不足していても、いついかなる場合にも対処する秘訣を授かっています。

この手紙を書いたのは、使徒パウロでした。最初はキリストを信じる者たちを迫害していた彼は、劇的な回心を経て、主に異邦人たちに福音を伝える伝道者となりました。熱心な伝道活動のゆえに、投獄されたこともありましたが、獄中からでも手紙という形で伝道を続けました。このフィリピの信徒への手紙も獄中書簡のひとつです。どんなにか外に出て、いたるところで福音を伝えたかったことでしょう。しかし、投獄されていたからこそ、獄中書簡が書かれ、当時の人たちだけではなく、二一世紀に生きるわたしたちもパウロの書簡を通して神の言葉を聞くことができるのです。人は物事が自分の思い通りに行かなくなると、腹を立てたり、いらだったり、ふさぎ込んだりします。しかし、たとえ思い通りにならなくても、思いがけないことが起こるならそれでよいのではないでしょうか。

パウロほどキリストのために苦しんだ人はいないかもしれません。コリントの信徒への手紙二の一一章には、彼の経験した苦難が詳細に記されています。投獄、鞭打ち、難船、盗賊の難、飢え渇きなど、よく生きていることができたと思うほどです。しかし、彼はこれらの苦難を通して「満足する（満ち足りる）ことを習い覚えた」のでした。限りある自分の知恵や知識や予測に頼るよりも、全知全能の神の御心に任せたほうがはるかに確かです。与えられている環境や才能を肯定的に受け取り、それらを前向きに用いてゆくことから充実した生は生まれるのではないでしょうか。

「充実した生を生きる」ためには、人と比べないことも大切です。新約聖書のヨハネによる福音書二一章二〇～二三節には、イエスと彼の弟子のひとりであるペトロのやり取りが記されています。この箇所で「イエスの愛しておられた弟子」と書かれており、ヨハネだともいわれている弟子のことがペトロは気になって仕方がなかったようです。そんなペトロに対しておっしゃったイエスの言葉は「あなたに何の関係があるか。あなたは、わたしに従いなさい」でした。神はペトロには彼にふさわしい働きを、そしてヨハネには彼に適した働きを備えておられたのです。比べる必要などなかったのです。人と比べてみても、優越感に浸るか劣等感に苛まれるかのどちらかでしょう。どちらも「充実した生」には必要ないことのように思えるのですが……。人が何をしているかを気にするエネルギーがあるならば、自分に何ができるかにそのエネルギーを使ったほうがよいと思いたいです。

最後にもう一つだけ加えておきたいと思います。それは、もしわたしたちが小さなことに感動し、感謝する心をもつことができるなら、わたしたちの「生」は、より「充実した生」に近づくのではないかということです。

『暴力と聖性』の中でレヴィナスは言います。

最初に口にするのは「おはよう」ではありませんか？「おはよう」と同じように単純なことなんです！「おはよう」というのは祝福であり、他の人に向かって何か自分にできることがあればやりますよ、と意志表示することではないでしょうか。「おはよう」というのは「なんと天気がいいのか」という意味ではありません。それがいいたいのは、「私はあなたの平安を望んでいます。私はあなたのために今日がよい天気であることを望んでいます」ということです。これは他者を気遣う人が口にする言葉なのです。コミュニケーションの残るすべて、言説の残るすべては、ことごとく、この「おはよう」のひとことのうちにこめられています。(11)

死より蘇られた朝、復活の知らせを弟子たちに告げようと道を急ぐ婦人たちに、イエスは「おはよう」と言われました。そして、「恐れることはない。行って、わたしの兄弟たちにガリラヤへ行くように言いなさい。そこでわたしに会うことになる」（マタイ二八章一〇節）と続けました。そこに弟子たちにとっての新しい生活が待っていました。わたしたちにとっての「充実した生」は、小さなこと・単純なことから始まるのです。「おはよう」とのイエスの言葉に「おはようございます」と応え、そして誰かに「おはよう」ということから新しい何かが起こるのではないでしょうか。

6 使命に生きる

――なぜなら、キリストの愛がわたしたちを駆り立てているからです

（二コリント五章一四節）

先日、ニュース番組の中で、ふたりの男子高校生のことが特集として取り上げられていました。ふたりは東北のある県立高校に通う生徒で、この高校の総合学科を卒業すると、介護福祉士の国家試験を受ける資格が取れるのです。「なぜ介護福祉士になりたいの」という取材の人の質問に対して、ふたりは「カッコイイから」と答えていました。「どこがカッコイイの」と尋ねられると、ひとりが「人の役に立てるのは、カッコイイじゃないですか」と続けました。おじいちゃん子だった彼が老人福祉を目指すようになったのは、長い間一緒に住んでいた祖父の死がきっかけだったようです。彼の祖母も取材に応じていました。おばあちゃんの「わたしも（倒れたら）よろしく頼みますよ」の言葉に対して、「そうならないようにしてください」と答える彼の言葉に優しさがこもっていました。

「カッコイイ」という言葉は、とかく姿・形・身なりという外見の良さを表現する時に使われがちです。「カッコイイ人」「カッコイイ車」など。瞬間的に取る姿勢についても言うことがあり

ます。モデルのポーズがカッコイイとか……。しかし、この介護福祉士を目指している高校生たちは、人の役に立つことにカッコよさを発見したのです。自分の目指す仕事に、それもその仕事の本質的なところに誇りと使命感を感じたのでしょう。もちろん、どんな仕事もそうですが、福祉の仕事もカッコよさだけでやれるほど容易ではありません。しかし「カッコよさ」への気持ちを持ち続けて、誇りと使命感を持った介護福祉士になってもらいたいと願います。

職業そして使命感について考えてみたいと思います。使命感などと言われても、平凡な毎日を送っているわたしたちには縁遠いものに感じてしまうかもしれません。歴史を振り返ってみても、エジプトで奴隷となっていたイスラエル人を救出することを使命として与えられたモーセ、神の言葉を伝える預言者として召されたイザヤやエレミヤ。また、近・現代ではナイチンゲール、シュヴァイツァー、マザー・テレサといった人物が使命に生きた先達として思い浮かびます。

使命とか召命を少し卑近なこととして示してくれたのは、宗教改革者のひとりであるマルティン・ルターだと思います。中世カトリックでは、聖職者は一般信徒より優れており、聖職だけが貴《とうと》いもので、一般の職業はいやしい業とされていました。ところが、ルターは「ベルーフ」の概念を紹介することによって、世俗的な職業も神からの召命あるいは使命であると説きました。ドイツ語で「職業」を表す「ベルーフ」は、「喚《よ》ぶ」とか「招く」、「任命する」という意味の「ベルーフ」に由来します。ですから、一般の人たちも自分の仕事を神から与えられた使命・召命として受け取り、それぞれの仕事に意味を見出し、励むことができるようになったのです。

神谷美恵子氏は、使命感に生きる人を「自己の生存目標をはっきりと自覚し、自分の生きている必要を確信し、その目標に向かって全力を注いで歩いている人」(12)と説明しています。自分の職業に対して「これがわたしの生きている目標、わたしはここで必要とされている、このためなら犠牲を払ってもかまわない」と思えるなら、その仕事はその人の使命といってよいのではないでしょうか。

冒頭で紹介した二人の男子高校生が介護福祉士という職業に対して使った「カッコイイ」という言葉は、使命の本質をとらえていたと思います。彼らは姿・形・身なりではなく、人の役に立つことに「カッコよさ」を見つけました。松永晋一氏は使命という語について次のように述べています。


使命という語は、本来は使者が命令を遂行するという意味だそうですが、文字としては、命を使う、と書きます。人は誰でも与えられた命を使って生きています。生まれてから死ぬまで、人は与えられた命を自分の命として使用することができます。……つまり、命を使う使い方が、利己心や虚栄心や肉欲のためだけであるならば、わたしたちは、そういう生き方をしている人を使命に生きているとは言わないのです。使命を果たすとか、使命に生きるとか、使命を全うするということは、自分自身の利己心や虚栄心や肉欲をコントロールして、自分のためだけでなく、与えられた命を自分以外のために役立てるということを意味します。まさに、わたしたち一人ひとりをこの地上に遣わして下さった方の御旨に従い、自分自身に課せられたつとめを果たすことこそ、使命の名にふさわしいのであります。(13)

神の意思に従い、自分に課せられた務めを果たすこと、それも自分以外のために。これが使命だというのです。では、どのようにして自分に課せられた使命あるいは職業を見つけることができるのでしょうか。このところ、進路や職業を選択する時に、性格検査や適性検査を実施することが増えてきました。このような分析も確かに役に立つと思いますし、助けになります。しかし、検査よりも、むしろ自分の命を何に使いたいのかという願いや、何に対して心が動かされるのかを手がかりにするほうが使命としての職業を確実に見出せるのではないでしょうか。それには、自分の心と正直に向き合うことが必要です。神がわたしたちを無理やりに向いていない仕事に就かせるようなお方だとは思えませんし、「あなたがたのうちに働きかけて、その願いを起させ、かつ実現に至らせるのは神であって、それは神のよしとされるところだからである」(ピリピ二章一三節、口語訳)と記されているように、神は一人ひとりの心に働いておられるはずです。ですから、心に響く神からの問いかけに敏感でありたいのです。きれいごとと言われるかもしれません。この問いかけが、はっきりと分かる場合もあれば、そうでない時もあります。

わたしたちは、小さい頃から「……すべき」「……したほうがよい」についてはよく教えられてきましたし、少なくとも頭では、かなりわきまえてもいると思います。しかし、「……したい」や「……せずにはいられない」を模索する時間が十分に与えられていないように思います。「……すべき」や「……したほうがよい」は教えることができても、「……したい」「……せずにはいられない」は、自分で試行錯誤しながら見出す他はありません。あまりにも忙しすぎて模索が許されるほどの時間のゆとりがないのでしょうか。あるいは、インスタントに慣れすぎて、模索することに面倒くささやじれったさを感じてしまうのでしょうか。問いかけが聞こえにくくなる時かもしれません。

モーセの召命は、燃え尽きない柴の間から神の声を聞いたという劇的な出来事を通してでしたが、ナイル川を漂う小さな葦の籠から拾い出された後、宮廷での四〇年とミディアンの地での四〇年を経てからのことです。イスラエルの民を救出する使命を見出し、使命のために立ち上がるまでに、八〇年もかかりました。預言者イザヤが、イザヤ書六章で神の召命に応えた記事は、彼の二度目の召命だったともいわれています。彼はもっと若い時に最初の召命を受けて、預言者としての活動を行っていましたが、民は一向に彼の言葉に耳を傾けようとはしませんでした。彼の働きは全くの失敗にすら見えていました。よく知られた「わたしがここにおります。わたしを遣わしてください」（イザヤ六章八節）という召命に応える言葉は、そのような敗北感の中でのものだったのです。

ナイチンゲールは、六歳の時から使命感について悩み、自分の進むべき道を見出したのが二五歳の時で、実際に道が拓けたのは三四歳の時だったそうです。またシュヴァイツァーは、若くして学問や音楽において成功や名声を勝ち得たにもかかわらず、二八歳の頃から孤児や捨て子の世話や免囚の保護など、様々なことに関わる中で、自分が本当にしたかったことを見出したのです。本当に自分がしたかったことを見出した時、彼は「わたしの模索は終わった」と言ったそうですが、前述したいずれの人たちも、模索の中で「これをせざるを得ない」「これがしたい」というものを見出してゆきました。

使命を見出す、あるいは明確にするには時間が必要です。本人が忍耐しながら模索するのはもちろんのこと、周りの人たちにも、待ってあげる勇気と忍耐が必要ではないでしょうか。使命は職業を通してだけ現れるものではありません。生存あるいは存在するだけで実現する使命もあると思います。「行う」使命ではなく「存在する」使命といえるでしょう。

一九九〇年にわたしたち夫婦は次男を亡くしました。七年一〇ヶ月の短い生涯でした。食べられない、歩けない、見えない、分からない、話せないという障害を抱えての七年と一〇ヶ月でした。彼の生活はすべて受け身で、行為として積極的に何かをしたわけではありません。何もできなかったのです。しかし、どれほど多くの、そして大きなことをわたしたち家族に与えてくれたことか……。彼の存在自体がわたしたちに喜びを与え、家族に一致をもたらし、数えきれないことを教えてくれました。命を削って、わたしたち家族に何かを示そうとしていたように思えます。こういう使命の遂行の仕方もあることを覚え、わたしたちは使命を比較計量するのではなくとらえたいです。わたしたちすべてに何らかの使命が与えられています。更に、それぞれの使命を全うするため、賜物が与えられています。自分を知り、自分の素質を知る、そしてそれを受け入れ、活かす。自分に正直に、そして内なる声に耳を傾けることから始まります。それが「カッコイイ」生き方なのではないでしょうか。

7　共に生きる

――あなたがたも互いに愛し合いなさい。（ヨハネ一三章三四節）

クリスマスはイエス・キリストの誕生を感謝し祝う日です。考えてみれば、一人の人物の誕生日を世界各地で二千年もの間、祝い続けていることの不思議さに、イエス・キリストという存在がどのようなお方であったかが明らかにされていると言えそうです。フィリピの信徒への手紙二章六、七節に「キリストは、神の身分でありながら、神と等しい者であることに固執しようとは思わず、かえって自分を無にして、僕《しもべ》の身分になり、人間と同じ者になられました」とあります。なぜ、神が人にならねばならなかったのでしょう。『或るクリスマスの出来事』（作詞・佐久間彪、作曲・新垣壬敏）です。

老いたひとりの農夫がゆり椅子に身をゆだねて暖炉の火を見つめていた。遠く教会の鐘が鳴っている。クリスマス・イブ。彼はもう長いこと教会に背を向けて生きてきた。「神が人間になった、だと？　馬鹿馬鹿しい。だれが、そんなことを信じるものか。」眼を閉じ、薪のはじける音を聞きながら、彼はまどろみかけていた。突然、窓ガラスに何かがぶつかる烈しい音。それも次々に、更に更に烈しく。何事かと、彼は身を起こした。窓際に立って見たものは、音もなく雪の降りつもる夜闇の中にこの家をめざして押し寄せてくるおびただしい小鳥の群だった。雪闇に渡りの途を誤ったのだろうか、小鳥たちはともしびを求めてガラス窓に次々と打ち当ってはむなしく軒下に落ちていく。彼はしばし呆然とその有様を眺めていたが、外に出るや雪の降り積もるなか、一目散に納屋へと走った。扉を大きく左右に開け放ち、電灯を明々と灯して、乾草をゆたかに蓄えた暗い納屋へ小鳥たちを呼び入れようとした。「こっちだ、こっちだ、こっちへ来い!」しかし、はばたく小さい命たちは彼の必死の呼び声に応えず、ガラス窓に突き当っては死んで行った。農夫は心の内に思った。「ああ、私が小鳥になって、彼らの言葉で話しかけることが出来たなら!」一瞬、彼は息を呑んだ! 彼は瞬時にして悟ったのだ。「神が人となられた」ということの意味を。彼は思わず、その場にひざまずいた。今や、人となり給うた神の神秘にみちた愛が、ひざまずく老いた農夫を静かに被い包んでいた。彼の上に降りかかり降り積もる雪はそのしるしとなっていた。

何も付け足すことはありません。私は、この老いた農夫以上に「神が人となられた(受肉)」ことを語り得た人を知りません。「神が人となられた」、その理由はもうお分かりでしょう。神は人を救いたかった――ただ、それだけです。なぜ救いたかったのか？　人を愛していたからです。「愛がそうさせた」。この言葉に尽きます。

人は自ら神を離れていった。そして、道を失った。それでも、正しいと思って、懸命に走ってきた。それが間違いだったとは言えない。しかし、自分を傷付け、周りを傷付けることの何と多くあったことか。パウロはこうも記しています。「同じ思いとなり、同じ愛を抱き、心を合わせ、思いを一つにして、……何事も利己心や虚栄心からするのではなく、へりくだって、互いに相手を自分より優れた者と考え、めいめい自分のことだけでなく、他人のことにも注意を払いなさい」（フィリピ二章二～四節）。この聖書箇所は、キリスト教の教理の一つである「受肉」を論じるために書かれたのではないのです。もっと現実的で、生々しい人間同士のいざこざを解決するために書かれたのでした。わたしたちは家族であっても、友人であっても、同僚であっても、なかなか「同じ思いとなり、同じ愛を抱き、心を合わせ、思いを一つに」することができません。「利己心や虚栄心」から自由になることにも困難を覚えます。「相手を自分より優れた者と考え」るなど思いも寄らず、「自分」に感《かま》け、「他人」への配慮は後になる――しかしそういう日々であればこそ、内面では、ここでパウロが勧めていることが必要だ、いや、そうなりたいと願っているのではないでしょうか。この聖書箇所を信仰箇条として唱え、キリスト教の本質を問うこととして議論した二千年前の初代教会の人々と現代のわたしたちは何も変わってはいないのです。こと改めてそう戒めねばならないほどに、人間は利己心や虚栄心が強く、謙遜になることも、相手を認めることもできず、他人のことに注意を払えないということなのです。そうであるにも拘らず、「幾らかでも、……あるなら」（フィリピ二章一節a）と人々の中に「キリストによる励まし、愛の慰め、〝霊〟による交わり、それに慈しみや憐れみの心」（フィリピ二章一節b）があることをパウロは確認します。フィリピの教会にはこれらの徳と言えるものがあまりなかった、でも少しはあった。これが教会の実情ではなかったのでしょうか。しかし、「少しでもあるなら、少しでもよいから、そこから始めよう」というのが著者パウロの切実な思いであったのかもしれません。

キリストは、わたしたちを救うために人間となられました。人間となった、とは死ぬことを受け入れたということです。キリストは死を覚悟して、わたしたちを本当の自由に導くためにこの世に来られたのです。キリストは、わたしたちの目が神に対して開かれ、もっとお互いに愛し合えるようにと十字架で死なれたのです。わたしたちが、その事実を受け入れ、キリストの思いを自分の思いにするなら、その願いに神が答えてくださらないはずがありません。神の愛ゆえに送ってくださった贈り物であるイエス・キリストをお迎えし、イエスが新しい掟として遺した「互いに愛し合う」ことを始めたいのです。「互いに愛し合いなさい」の前に「わたしがあなたがたを愛したように」というイエスの言葉があることを忘れてはなりません。すべてにおいてそうであるように、教会生活における交わりでも私たちの規範はイエス・キリストです。まずキリストにあって「わたしがどうあるか……」から始めるのです。

具体的には、「互いに重荷を担いなさい」（ガラテヤ六章二節）。互いの荷物を負い合う、問題や困難を分かち合う、助けの手を差し伸べるということだと思います。これは決して強いられてではなく、あくまでも自発的な行為でなければなりません。二節の後半を見ると「このようにしてこそ、キリストの律法を全うすることになるのです」と記されています。「キリストの律法」とは「互いに愛し合う」（ヨハネ一三章三四節）ことですから、教会における「互いに重荷を担い合う」行為は「互いに愛し合う」に繋がらなければならないでしょう。そのために必要なのは「（自己）吟味」（ガラテヤ六章四節）だとパウロは続けます。一節では、罪に陥った人を正しい道に立ち返らせると同時に、自分も誘惑されないよう気をつけろ、と命じています。人間の目は外を見るために造られているようで、なかなか内側に向かいません。自己反省が過ぎると苦しくなりますが、自己吟味は必要です。自己を吟味しながら、「自分の重荷」（ガラテヤ六章五節）を担っているか、目を内側に向ける時は必須です。「人間は心理的に成熟するためには、ひとりでなければならない。独修の孤独に耐えられなかった者は、人間的成熟が停止してしまうことにもなりかねない。しかし同時にこのひとりの心を知ってやさしく見守るもう一つのまなざしも必要である。それがないと、孤独はおのれ自身を食《は》んでしまう危険がある」と、『夜と霧』の訳者霜山徳爾氏(14)は言っています。支え合いの土台も「我と汝」の関係にあるようです。

第二章　歩み……

1　土の器と神の栄光　（二コリント四章五〜一〇節）

この手紙を書いたパウロは、生粋のユダヤ人、ローマの市民権を得ていた裕福な家庭の出身、ギリシア哲学やユダヤ教の律法を身につけた教養人、筋金入りのファリサイ派、いわゆるエリートでした。キリスト教の存在を許すことができず、信者たちを迫害していました。しかし、彼は弾圧のために向かっていたダマスコの途上で復活のイエスと出会い回心します。迫害者から伝道者へ……。彼はすべてを捨てて、イエスはメシア（救い主）であると伝える者とされるのです。生きる目的と価値観の大転換がここから始まります。後に彼はこう記しています。

わたしの主キリスト・イエスを知る知識の絶大な価値のゆえに、いっさいのものを損と思っている。キリストのゆえに、わたしはすべてを失ったが、それらのものを、ふん土のように思っている。（ピリピ三章八節、口語訳聖書）

パウロは各地に教会を建てました。コリントの教会もその一つです。教会を離れ暫くすると、誤った教えが入り込み、パウロに対する誹謗中傷も始まりました。弟子の派遣により、混乱は幾分収まりますが、問題は継続していました。そこで彼は自身のコリント訪問を計画します。出立の前に、感謝や憤りなど自らの胸中を明かすことになる手紙を記しました。それがこの手紙で、牧会者としての彼の姿がよく示されています。牧会者に限らず、すべての指導者、いや、すべての者が聞くべき言葉がここに記されていると言えましょう。

一節を見ると誤解や誹謗中傷の中にあっても「落胆しません」とパウロは宣言しています。これは「弱ってしまうことはありません」、「勇気を失いません」という意味でもあり、「他の人の批判を恐れて、黙してしまったり、何もできなくなることはありません」[15]と解することができます。彼がそう言えたのは、彼が強いからでしょうか。いいえ、彼は繰り返し自分の弱さを告白しています。では、なぜ落胆しないのか？　それは神に従うこと——彼にとっては福音を宣べ伝えること——が「務め」（一節）だったからです。「使命」、「仕事」だったのです。「（神から）憐れみを受けた」（一節）からそうせずにはいられなかったのです。「憐れみ」は「慈愛」、「我が子を愛するようないつくしみの気持ち」です。パウロ自身がまだキリストの迫害者だった時に、神が「我が子を愛するようないつくしみの気持ち」を注いでくださり、イエスは待っていてくださった。「ありがたい！」、当然そう思ったでしょう。同時に、この出会いは生涯、彼の負い目になったに違いありません。「ありがたさ」と「負い目」に突き動かされて彼は福音を伝えたのです。

わたしが福音を宣べ伝えても、それは誇にはならない。なぜなら、わたしは、そうせずにはおれないからである。（一コリント九章一六節、口語訳聖書）

二節では、パウロに反対する者たちが行っていたことに言及しています。「人を騙したり、陥れたりするような陰険な行動。また利己的な目的を遂げるためには手段を選ばず、どんなことでもする」[16]。そういう策略や駆け引きはせず、ただ神の言葉を語り、支持者・反対者を問わず、すべての人に真理を伝える。自分の正当性に固執することも、自己弁護もしない。判断はあなたがたの「良心（良識）」に委ねる。パウロは、そう語っているのです。

三節で繰り返し使われている「福音」とは何でしょうか。「福音」とはイエスの出来事です。

・　神の子が人として処女《おとめ》より生まれた。
・　その神の子は神から離れた人間を神に立ち返らせるために十字架で贖《あがな》いの死を遂げた。
・　三日目に死より甦り、死を滅ぼした。このイエスこそ神の子、メシアである。

「神はそのひとり子を賜ったほどに、この世を愛して下さった。それは御子を信じる者がひとりも滅びないで、永遠の命を得るためである」（ヨハネ三章一六節、口語訳聖書）。このよい知らせが「福音」です。

しかし、この福音は多くの場合見えなくされています。「この世」あるいは「この世の神」（四節）がそうしているのです。そのために用いられるのが「偶像」（「神に取って代わるもの」という意味）です。当時は石や銅や金で作られた偶像が神に取って代わっていました。今の時代、少なくとも日本では、だれもそれを「神に取って代わるもの」とは思わないでしょう。しかし、むしろ、目に見えない偶像に心が囚われていると言えるかもしれません。地位・名誉・名声・権力・支配・金銭などの「欲」といった目に見えない偶像です。「欲」に共通しているのが「自分自身」（五節）です。パウロは「自分自身を宣べ伝え」ないと断言しています。伝えるのはキリストのみ。なぜなら、キリストこそ神を悟らせてくれる方（五節）、そして、人のあるべき姿を示す方だから。そして、自分は「僕《しもべ》」（ドゥーロス＝奴隷）であると明言します。その比喩が七節に記されています。「わたしたちは、このような宝（キリスト）を土の器（人）に納めています」。

並木浩一氏（国際基督教大学名誉教授）の著書にこの聖句を取り上げて語られた説教の一部が掲載されていました。説教者は並木先生が「愛する師」と呼んだエーミル・ブルンナー教授（スイスの神学者）。ＩＣＵでの最後の説教でした。教授は「土の器」の代わりにランタンの話をなさいました。実際に土の器は灯を入れるのにも用いられるようです。

わたしはこの「くすんだランタン」を個人的なことにわたって申し上げたい。わたしは多くの賞賛を受けてきた。しかしわたしは正直に皆さんの前に告白したいと思う。皆から注がれて来た賞賛の数々にもかかわらず、私自身が「くすんだランタン」なのである。何がこのランタンをおぼろにするのか。もし、ランタンの上に、ペンキで絵でも描いてあったら、そのランタンの光は、たちまちおぼろになってしまう。わたしのランタンの周囲には濃いペンキで、大きな文字をもってゴテゴテと、エーミル・ブルンナーと書いてあるのである。これがキリストの光を暗くしてしまっている。わたしは、それが悪いことであると知りつつ自己を宣伝し、自己の野心をほのめかし、栄光を自己に帰するのである。そしてこのことによってキリストの光をおぼろにし、うすくしてしまっているのである。申し訳ない。もし人がわたしに、「お前の一生のうちで、何が一番残念なことか」と問われるならば、わたしは「自分がキリストに立ち返り行く多くの人々の躓《つまず》きとなっていることだ」と答えるのである。わたしは実際、本当に多くの人とキリストとの間に立ちはだかって邪魔しているのである。(新保満氏の筆録による)[17]。

並木先生は、その後を次のように締めくくっておられます。

パウロは人々にキリストを宣べ伝えるときに、幾分か自負と野心に駆られて、栄光をおのれに帰したいとひそかに願う自分を見出したかもしれません。そのとき彼は主に必死に祈ったことでありましょう。「しかしわたしたちは、この宝を土の器の中に持っている」と。

パウロは一五節の言葉をもって、この部分を閉じています。「すべてこれらのことは、あなたがたのためであり、多くの人々が豊かに恵みを受け、感謝の念に満ちて神に栄光を帰すようになるためです」。「あなたがた」とは、パウロにとってコリントの信者、わたしたちにとっては園児・児童・生徒・学生です。そして、栄光は神にのみ帰されなければなりません。

わたしたちは「僕」であって、指導者は神のほかにはいないのです。

2　汝らはキリストの體《からだ》にして各自その肢《えだ》なり（コリント前一二章二七節）

先日、一人のキリスト教学校出身の方とお話をする機会がありました。「私は宗教主任です。宗教主任という言葉は、あまり聞き慣れない言葉でしょうね。教会に牧師がいるように、キリスト教学校にも牧師がいるのです。その呼び名が宗教主任です」と自己紹介しました。その方は「宗教主任という言葉は初めて知ったのですが、確かに聖書の先生がいらっしゃったのを覚えています」とおっしゃいました。宗教主任は確かに聖書の先生です。ちなみに大学ではキリスト教概論の先生です。〈聖書の先生〉ですから、もちろん、聖書を教えます。「聖書科」「宗教」など学校によって呼び方は違うようです。「人間学」と呼んでいる学校もあります。なかなかおもしろい呼び方だと思います。進め方も、

・聖書のみをテキストとして〈聖書の先生〉が講義形式で聖書を読み説く
・副教材として市販の教科書や独自のプリントを使うが基本は聖書の講義
・授業ごとにテーマを決め、〈聖書の先生〉がファシリテーター（推進者）になり、生徒たちが自由に意見を交わし、議論する
・年間の授業を分割して「聖書学習」と呼ばれる聖書の解説の時間あり、いじめや自死、脳

死や臓器移植など現代の社会問題を対話形式で学ぶ「テーマ学習」あり、生徒によるグループ発表を中心とした相互教授形式で学び合う「グループ学習」ありと幅広く展開するなど様々です。

大学でキリスト教概論という講義を担当する先生は、たいがい宗教主任です。内容は講義名が示す通り、キリスト教を概観することで、学生たちはキリスト教の様々な側面を学ぶのですが、宗教主任たちはそこで聖書を開き、語り、教えます。大学でも宗教主任は、やはり「聖書の先生」なのです。講義で聖書を教えること、これが宗教主任の務めの一つです。

また、宗教主任は牧師ですから、礼拝で説教をします。教会では、牧師は一週間に一回、主日（日曜日）に礼拝説教をします。この説教が、牧師の最大の務めと言っても過言ではありません。牧者として聖書の御言葉を語ることによって、羊としての信徒の魂を養うのです。そうだとすると、牧師である宗教主任は、一週間に一度は礼拝説教をするべきなのです。これは私の持論です。そして御言葉によって、託されている園児・児童・生徒・学生や協働者である教職員の魂を養うのです。これが宗教主任の第一の務めだと思います。この二つの務めに専念することが、キリスト教学校で働く牧師としての宗教主任の使命です。

もう一つ忘れてはならない重要な使命があります。それは、祈りです。「宗教主任は、行事屋・祈り屋」と言われたことがあります。私は、これを悪い意味に捉えていません。確かに、宗教主任は多くの行事に出席します。多くの場合、そこでの役割は祈ることです。集まりが守られ、祝福されるように創造主であり支配主である神に願い求める。光栄なことです。しかし、そのような場での祈りは、使命として課せられた祈りの表面的な一面でしかありません。他に「奥まった自分の部屋に入って戸を閉め、隠れたところにおられるあなたの父に祈」(マタイ六章六節)る。更にもう一つは、誰もいない礼拝堂で独り、キリスト教学校の生命《いのち》である礼拝に主の臨在を求める祈りです。なぜなら、生活指導も教科指導も人格教育も礼拝に根差し、礼拝を通して行われると信じるからです。

牧師の果たすべき機能は四つあると言われます。神と人との関係を執り成す祭司的機能。悩みや問題を持つ人と共に考え、解決を見つけようとする牧会者的機能。「目に見えるものと見えないものを結びつけ、この世と神の国とを関係づける象徴としての働き」(18)を行う象徴的機能。そして神から離れ、自己中心的傾向を持つ人間に対して警告を発して、神の御心(意思)を伝える預言者的機能。紙幅の都合で、すべてについて触れることはできませんが、預言者的機能について一言述べておきたいと思います。キリスト教学校も、現代社会に存在し、その流れの中で運営され、活動している共同体なので、時代の流れを全く無視することはできません。しかし、流行に合わせ過ぎたり、流されてはなりません。言わずもがなのことです。キリスト教学校の拠って立つところは創造主であり支配主である神への信仰であり、その模範は命懸けで異国に赴き、この神を紹介した宣教師たちと、その後を引き継いだ日本人の先達たちであるはずです。彼らの生き方や言葉によって伝えられたキリスト教学校の在り方の本質は、たとえ頑なと言われようと、時代遅れと言われようと貫くべきところだと思います。本多庸一氏（青山学院第二代院長）は、「希《ねが》わくは神の恵により我輩の学校より所謂《いわゆる》Man（人物）を出さしめよ。Manの資質多くあるべしと雖《いえど》もSincerity（裏表のない誠実さ）、Simplicity（飾りのない実直さ）、最も大切なるべし」と言い、高木壬太郎氏（青山学院第四代院長）は「……最も大なる事業ハ最も静に為さるもの也。……余の名誉心は百部の書著ハさんことよりも、基督の一言を生活せんこと也」(19)という言葉を残しています。この本質を忘れかけた時に、思い起こさせる言葉を語るのが預言者的機能を負っている宗教主任です。旧約聖書の預言者たちが担っていた仕事がまさにそれでした。神に選ばれた弱小民族イスラエルが拠って立つところは神以外の何ものでもありませんでした。しかし王たちは、その時代に即したと思われる戦略に走るのです。預言者たちは、「神に立ち返れ。拠り頼むべきは神であり、人の策略ではない」と説きました。

教育と研究において、そして学校経営において今の時代の流れに沿った戦略や手法などは無視できないでしょう。しかし、まず必要なのは、拠って立つべきところの確認です。その上で、もっと学び、もっと苦しんで継承すべきを継承し、新しい姿を生み出すのです。宗教主任を含めた一つひとつの肢体が"Sincerity, Simplicity"を目指す者として働く時、キリスト教学校という一つのキリストの体は、意図せずともその存在をこの世に示しているのでしょう。こういう衒《てら》わない在り方、進み方がキリスト教学校らしさの一つではないかと思うのです。

3　説教を聞きたい?!　礼拝の恵み

大好きな運動会が終わり、楽しみにしている文化祭が目の前にちらついてきた頃でした。生徒たちはなかなか授業に身が入りません。そんなこともあり、ある日の聖書科の授業で「本音アンケート」というのをしてみました。

・今は、聖書の授業中ですが、正直なところ、やりたいことは何ですか。
・一番落ち着ける、ホッとできる場所はどこですか。
・教師に言いたいことをひとつ。
・保護者に言いたいことをひとつ。

などの質問からできたアンケートです。「何でもいいから、自由に書いてください」と言って印刷に失敗した裏紙を渡しました。三年生は、そうでもなかったのですが、一、二年生からは矢継ぎ早に「紙は縦ですか、横ですか」、「記名ですか、無記名ですか」など、ああですかこうですかと、もっともながら、私にとってはどちらでもよいような質問が返って来ました。最後には「これは成績に関係しますか」という質問まで飛び出してきました。「紙の方向は、どちらでもいいです」、「記名の人には、返事を書きます」、「成績とは、まったく関係ありません」と答えながら、

「いつも型にはまることを要求されてきたのかな……。評価を意識させられてきたのかな……」などと考えさせられました。アンケートは、一五分くらいでできる簡単なものですが、すでに手許にある回答の中には「こんなことをしないで、授業を進めてください」と書かれたものもあり、「すぐに終わるからね」と言い訳をしながら私が担当している一五クラス全部で実施しました。

回答は、考えさせられるものばかりでした。中には、心の状態を如実に表しているものもありました。毎日、元気に楽しそうに学校生活を送っているように見える中学生たちの中には、何かに疲れていて、ホッとできる場所と時間を必要としている生徒が少なからずいる。きっと日本中に、そういうティーンエイジャーがたくさんいるのでしょう。

ひとり、次のように回答した生徒がいました。「試験がすべてだと思っていませんか。他にもっと学ばせるべきことがあるのではないでしょうか。テストだけのために授業をしないで欲しいです」。この生徒は「今、したいことは何ですか」の質問に対して、「説教を聞きたい」と答えていました。わたしが全く予測していなかった答えです。一瞬、冗談ではないかとさえ思いました。

礼拝は、特別な時、聖別された時です。生徒も教職員もなく、ひとりの人間として神様と向き合う時です。特別礼拝であれ、毎日の礼拝であれ、この時は礼拝式という儀式を行うだけの時間ではなく、「人を変える」（バークハート）ための時でもあると思います。その礼拝で語られているような説教が聞きたいとこの生徒は言うのでしょうか。加藤常昭先生は「説教の行為自体が、他者の言葉を聞く行為に他ならない」また「説教者自身が生かされないような言葉は説教の言葉に値しない」（『説教論』）と述べておられます。生徒たちにとって、礼拝が「ホッとできる」慰めと励ましの場所と時間であったろうか。また、説教が他者（生徒）の言葉を聞いた上で、聞く者や語る者を生かすような言葉であったろうか。そう自問自答しながら、「確かに神の言葉を聞いた」と感じることができるような礼拝を皆と共にしたいと更に強く願わされました。「説教を聞きたい」と回答したひとりの生徒のためにも。「きのうも今日も、また永遠に変わることのない」お方を共有できる、それこそが、キリスト教学校が浴している恵みです。

4　ホスピス・セミナー受講から思うこと

昨年から校外学習としてホスピス・セミナーの受講を始めました。対象は三年生です。聖書科のテーマ学習の中で、三年生は一学期に、「死生観」や「脳死・臓器移植と聖書」などを学びます。少しだけ現場を知っていることもあり、ホスピスという現場で働く人たちの声を生徒たちにも聞いてほしいという願いが、かねてから私の中にありました。しかし、「現場に行くのはどうだろう。中学生には、早過ぎるのだろうか」という懸念を持ちながら、聖ヨハネ・ホスピスに連絡をしました。後日、連絡があり「受講対象者は高校生以上ですが、(生命の問題は) 大切なことですから、お引き受けすることにしました。中学生に分かるようにお話をします」と言ってくださいました。

当日は、最初にDVDで施設と入居者の方々について伺いました。その入居者の中には、すでに天に召された方もおられました。そして、医師・看護師・シスターに、それぞれの立場から、お話をしていただきました。最後にわたしたちの質問に丁寧に答えてくださり、予定していた一時間半を三〇分ほど超えてセミナーを終えました。

翌日からの一週間、聖書の授業の中で、参加した生徒たちに感想を交えて報告をしてもらいました。あらかじめ頼んでいたわけではなく、授業の初めに「これから、ホスピス訪問に参加した人に報告をお願いします」と言って、私が今回の訪問について話をしている数分の間に自分の報告をまとめてもらう、というちょっと乱暴とも言える仕方でした。にもかかわらず、各クラスから二〜三人ずつ参加していた生徒たちが、皆、それぞれに報告してくれました。身近な人が、そのホスピスで亡くなった。数日前に祖母がガンであることを知らされ、どうしてよいか分からずにいた自分に励ましやふさわしいアドバイスを与えてくれた。聖書の言葉が、真実だと思った。嬉しくなりました。発表する生徒たち一人ひとりの手を取って、抱きしめる思いで私はそこにいました。生徒たちは、大人が思う以上にちゃんと感じ、しっかり考えているようです。

多くの生徒が宗教の授業に無関心になるとするならば、それは授業が自分たちの日常とほとんど無関係で、「今、ここで」現実に直面している問題に答えてくれないと感じているからではないでしょうか。オランダ人のカトリック司祭ヘンリ・ナウエン(一九三二〜一九九六)は、この点について示唆に富んだ言葉を残しています。「すでに決まりとなっている理念を押しつけるよりも、学生(生徒)が愛し、与え、創造する人間としての潜在能力を発揮して、恐れることなく探求する勇気をもてると自覚する場の提供のほうが重要だと思われる。自分の人生経験に触れ、内心にある解放と新しい生き方を切望する思いに耳を傾けるときに、はじめてイエスはただ語られただけではなく、わたしたち一人ひとりのきわめて個人的な要求を満たすために手を差し伸べられたのだと認められる。福音（聖書）は記憶にとめる価値がある理念だけを語っているのではない。それは一人ひとりの個人にとっての人間の条件に応えるメッセージだ」[20]（カッコは筆者）。

イエスは、私たちの日常に深く関わろうとしておられます。この方を知るための礼拝や聖書の授業は、とても大切な時間です。そして、そこで学んだ事を「自覚する場」の提供も大切な時間です。

私たちは、今日、数多くの課題に直面しています。教育においては、教育の場の荒廃のような、既にしばしば取り上げられている問題や理念の形骸化などがあげられるかもしれません。社会が実用・実務的なものを重用し過ぎる傾向にあり、人が近視眼的になると、人も社会も、本来その理念が生きて及ぶべき道筋や対象を見失い、理念の喪失に陥るのではないでしょうか。

5　良い顔になろう

東京新聞のあるコラムにこんな記事がありました。「……命懸けで基礎をしっかり勉強していなければ、中途半端な仕事になる。半端な毎日を送ると、半端な顔になる。物事を理解できない、判断が甘く決断が下せない。そんな自分に気づいている人は、口から出任せを言う。たしなめられると、またでたらめを言う。そのうち顔が曲がっていく。ずるい顔、嫌味な顔、……と言っても目の大小とか鼻の形とか、部品の話ではない。顔は『人間』の履歴書だ。……初心を忘れ勘違いしているので、だんだん自分が偉いものと思い込むうち、顔も曲がっていく。基礎を勉強しない役者と同じだが、役者も政治家も中身は『人間』である。……」[21]。

「人は四〇歳を過ぎたら、自分の顔に責任を持て」と言われています。ところが、園児・児童・生徒・学生は、まだ「自分の顔に責任を持て」ない歳です。私が普段接している中学生たちの顔は、少し固まりかけた粘土のように感じることがあります。基本的にはとても良い顔をしています。「それでいい、そのまま大きくなれ」と思いながら、しかし、「ずるい顔、嫌味な顔」になりかけている部分もあります。彼らが良い顔になるのに大人は何ができるのでしょうか。

親や教師は、言葉だけで子どもたちを説き伏せることができると思いがちです。また、語ってしまうと自分の仕事をやり終えたと満足しているかもしれません。しかし、実は子どもたちが見ているのは私たち大人の「顔」、そしてその挙措《きょそ》であり、聞いているのは彼らに語りかける言葉よりも私たちが周りと交わしている会話の端々の言葉かもしれません。良い道徳的教えは、世の中に溢れるほどあります。聖書の教えも、それを学ぶことは大切です。しかし、その教えはイエス・キリストの生き様《ざま》と死に様そのものであったことを知る時、この方との出会いと交わりがない限り、生きる力にはならないのではないかと思うのです。「やはりイエス・キリストこそが世界の唯一絶対の救い主であり、そのイエス・キリストによってこそ、私たちは意味ある人生を送ることができることをどこかで強調すべきである」（英隆一朗司祭）という言葉は真実です。

生徒たちは、そう望むも望まざるもなく、毎日イエスの顔を見、その姿から学んでいます。私たちも彼らが見ているのと同じイエスに目を向ける必要があると信じます。「愛する——それはお互いに見つめ合うことではなく、一緒に同じ方向を見つめることである」（サン・テグジュペリ）。そして、隣で彼らを感じるのです。そんな時、私たちの顔は最も「良い顔」になっているはずです。

6 「課題『使徒信条』の暗唱」からの発見

学校のキリスト教活動は、奉仕活動（校内清掃）に始まり、毎日の礼拝や教会暦に沿った特別礼拝、キャンプや対外的な奉仕活動などが毎年ほぼ同じように運営され、終業式（終業礼拝）に終わります。キャンプや奉仕活動に何人集まったか、出来ばえはどうだったかなどは全く気にならないと言えば嘘になります。しかし、興味深く、また何かを残してくれるのは、むしろその中で交わされる生徒たちとのやり取り――インター・アクション――です。門脇厚司氏が『子どもの社会力』の中で、「相互行為」を interaction（インターラクション）と書かずに、Inter-Action と書き、「行為の交換（やりとり）」と訳しておられます。共感を覚え、使わせていただきました。

昨年度の三学期、三年生に「使徒信条」を暗唱する課題を出しました。まず、聖書の時間に「使徒信条」を印刷した紙を渡し、内容を説明します。そして、一ヶ月の期限内に、宗教主任室に来て暗唱するよう指示しました。一年生のときに「主の祈り」、二年生で「十戒」を覚えているので、三年生で「使徒信条」を覚えれば、まずはキリスト教の中心に触れ得たと言えそうです。一、二年では、筆記試験形式で確認していたものを暗唱にした理由のひとつは、「丸覚えも無駄ではないだろう」ということ、もうひとつは、生徒との自分の関わり方にありました。宗教主任と生徒たちとの関係は、ともすると「広く、浅く」になりがちだと思います。週に一回礼拝で説教をします。一八クラス（当時）中一五クラスの生徒とは、聖書の授業で少し距離を縮めて関わります。しかし、全員の名前を覚えているわけではなく、就任後の三年間を振り返っても、卒業までに一度も話したことのない生徒がいるのも事実です。前任校の校長に言われた「宗教主任は、全校生徒の担任だ」との言葉を思い、担任の真似ごとや自己満足で終わるかもしれないけれど、せめて卒業を間近に控えた三年生たちと一言でもおしゃべりのきっかけになってくれれば良いがと願いながらやってみました。

このおしゃべり、いや「インター・アクション」は、「使徒信条」のプリントを渡したその授業の間に覚えてしまい、授業終了直後に暗唱しに来た生徒との「おい、ちゃんとノート取ってんのか？」「大丈夫っス」から始まりました。ある日の放課後、宗教主任室に入るなり、入口すぐ横にある洗面台を見て、ケタケタ笑いながら「生活感あるウー。ここに住めるじゃん、先生」（数年前に宗教主任室と隣のカウンセリング室を交換した際、洗面台がそのまま残ったのです）とおしゃべりを始めて、三〇分ほど経ってやっと「使徒信条」を暗唱し終え、帰り際に「チョコレートなんか置いといてくれると嬉しいんだけどな、エヘへ。また来るわ」と言って帰って行った生徒がいました。その生徒は「また、来て」くれました。もちろん、チョコレートなんて必要としていませんでした。別の生徒には「先生、わたしの名前知ってる？」と切り出され、「イヤー、水泳部で、とても速いということは聞いたことがあるんだけど……」としどろもどろになったこともありました。でも次の日、廊下ですれ違った時に「お早う、○○さん」というと、「イエー、覚えてくれたね」へと発展しました。また、生徒の意外な一面を見ることにもなりました。普段、運動部の中心選手としてはつらつとプレーをしているのに、いざ声を出すとなると、「ヤッベー、マジ緊張してきた」と言ってグランド上とは全く違う表情で暗唱しているのです。

暗唱期間の最終日、一挙に押し寄せた生徒たちで宗教主任室から西校舎の廊下まで溢れてしまいました。「何でもっと早く来ないんだよ」、「そんなものですよ、テストって」。「この部屋、初めて。結構、落ち着く」、「いつでもどうぞ」などとおしゃべりしながら、「課題『使徒信条』の暗唱」は終了しました。ほんの少しですが、生徒たちの素顔を垣間見たように感じました。課題とはいえ、真摯に取り組んでくれた生徒たちに「ありがとう」。この元気な中学生たちと日々向き合っている先生方に感謝します。その毎日なくして、キリスト教活動はあり得ません。すべての活動をお互いの、そして、神と人との「インター・アクション」を促すものとして実施し続けたいと願っています。

7　一五《いちご》、白書をもう一度

赴任後何年目だったでしょう、三年生最後の授業で卒業論文を書いてもらうことにしました。主題は「イエスの十字架と復活。そして、私は如何に生きるか」。ずいぶん格好つけたテーマですが、何と言っても十字架と復活はキリスト教の中心です。一年生で「キリスト教入門」、二年生で「旧約聖書」、三年生では「新約聖書」を学び、礼拝で何度も聞いたイエスの十字架と復活。三年生の三学期は「この出来事が自分にどんな意味をもつか」を論文に反映させることを念頭に置きながら学び直します。論文では「十字架も復活も信じる」、「どちらも信じない」、「十字架は信じられるが、復活はあり得ない」などと論じながら、自分なりの結論へと辿り着きます。

主題の後半は「どのように生きるか、生きたいか」です。大人でも平生あまり考えないような問いに一五歳の子どもたちは精一杯取り組んでくれます。反省文になったり、将来の夢を語ったり……。最後というある種の安心感からか、悩みや悲しみ、苦しみの経験を明かすこともあります。反抗的で教師を手こずらせてばかりと思っていた生徒が「変わりたい」と書いていました。別の生徒は、幼い頃病気で父を亡くし顔も覚えていない、だから病気の人を助ける医療の分野に進みたいと記していました。彼女はいつも明るく天真爛漫な生徒と私の目には映っていました。

週に一度は礼拝で全校生徒に話すことができ、授業でも必ず全員と一緒に学ぶことのできる宗教主任という立場はありがたいと思う一方、関わりが表面的になってしまう傾向があるのも否めません。生徒を送り出す直前に、一人ひとりとの距離をほんの少しだけ縮めてくれるのが私にとっての卒業論文です。論文（と言っても八百〜千字の自由作文です）作成中、「聖書科通過儀礼」を行います。一人ひとりの名前をフルネームで呼び、返事をしてもらう。ただそれだけです。入学直後の最初の授業で氏名を確認する意味も含め（最近の名前の読みはムズカシイ……）、一人ひとりをフルネームで呼びます。それ以来のことです。「皆をフルネームで呼んでゆくので返事をしてください。シカト以外はどんな返事をしても構いません」と前置きをしておきます。数年前までは、「はい」以外に「うるさくてごめんなさい」、「ちゃんと起きてたよ」、「ありがとうございました」などもあったのですが、最近は「Here!」が異色というところ。これも子どもたちの中に蔓延する「ＫＹ」（空気読めない）のせいなのでしょうか、それとも私のパワーの減退に起因するのでしょうか……。ここはいささかセンチメンタルになる時ですが、「ありがとう。主の祝福と共に行ってらっしゃい！　フルネームを覚えられずにごめんね」というお詫びのメッセージも含まれています。『サンタクロースっているんでしょうか』で知られるバージニア・オハンロンさんが校長だった頃、全卒業生の氏名を暗記し、一人ひとり呼び上げながら、卒業証書を手渡したそうです。私にとって名前を覚えることは永遠の宿題のようです。

イエスの十字架と復活がどう捉えられ、どう論じられていようが、聖書の御言葉は生徒たちの心に確かに宿っていると卒業論文は教えてくれます。慰めあるいは励まし、また戒めの言葉として留まっています。この出来事が起こっているのは礼拝であり授業の時であり、そして「まずは聞く、とにかく聞く、ひたすら聞く」という勧めの繰り返しの中で生まれるのだと思います。

教育のＩＴ化、対話形式授業、相互学習などがかまびすしく言われます。しかし、まずは座って、しっかりと話を聞くこと。これは幼稚園の頃からの地道な繰り返しによるでしょう。必要なのはイベントではなく、子どもたちのまなざしを知る授業で、子どもたちと如何に関わるかではないかと思うのです。

8　アイラヴユーを生きる

毎年、三泊四日で行う菅平キャンプの帰りのバスでのことです。「いくら元気な中学二年生でもあれだけ騒げば必ず眠る」という私の予想は見事に外れました。眠ってしまったのは私の方で、彼らはずっと歌っていたようです。目が覚めて耳に入って来たのは、知らない曲ばかり。ジェネレーションギャップというのでしょう……。しばらくカラオケのように思い思いに歌っていたのですが、ある曲の時、歌声が一つになったと感じました。歌い終わると、一人の男子生徒が「誰か一人でいいから、I love you って言ってくれないかなあ……」と呟くように言いました。瞬間バスの中が静まったのは確かでした。その一瞬の沈黙は彼らの共通の思いだったと私は独り解釈しています。「その〝Love〟がどういう意味であるにせよ、愛されたい、自分は大切な存在だと確認したい。子どもたちはそう心から望んでいるのではないか……。大人はそれに気付いているのか、I love you と言っているのか、行為で示しているのか……」と問われたような気がしました。「愛している」と大人はもちろん答えるでしょう。しかし、その愛は子どもたちに触れて、その上で与えたものでしょうか。それは本当に的を射たものといえますか。ことによると、的外れかもしれないと思いませんか。現代との隔たりが広がるばかりの私などノートの代わりにタブレットを与えるといったＩＴ化の流れもまた的外れの愛ではないかと懸念してしまいます。ＩＴ機器の中には既に有効な学習手段として認められ必需品となっているものもあります。しかし、子どもが欲しているのは、親であり、教師であり、友人であり、血の通った相手との遣り取りではないでしょうか。ロボットから言われる何万回もの I love you より、人から直に語られる一回の I love you に力があることを否定する人はいないはずです。愛されることは老若男女を問わぬ人間の普遍的必要です。それを認めながら、高齢者には介護ロボットを作り、子どもにはスマートフォンを与える社会はどこに基点を置くのでしょうか。死んでしまったペットの子犬の前で、「ワンちゃん動かなくなったよ。電池が切れちゃったのかな……」と母親に訊いた子どもがいたというのは作り話ではないのです。

教育のプログラムや礼拝のスタイルに新しい要素を加えることが不要だとはいえません。新しい施設や設備が必要な時も来るでしょう。しかし、それらは「無くてはならぬもの」（ルカ一〇章四二節、口語訳）でも、「最も大事なこと」（一コリント一五章三節、口語訳）でもないのです。使徒パウロは記しています、「いつまでも存続するものは、信仰と希望と愛と、この三つである。このうちで最も大いなるものは、愛である」（一コリント一三章一三節）と。またイエスは「互いに愛し合うならば、それによってあなたがたがわたしの弟子であることを、皆が知るようになる」（ヨハネ一三章三五節）とおっしゃいました。その後、弟子たちのためにひたすら祈ります。それは愛から滲み出た祈りでした。
キリスト教学校の礎を築いた宣教師たちを突き動かしたのは、この愛ではなかったでしょうか。「I love you と言ってほしい」という叫びは今も一四〇年前も変わっていません。

ただ
つかれ
あわただしく
ただもえようとし
ただもえようとし　（八木重吉）[22]

このように宣教と教育の業に向き合った彼らの姿勢を忘れてはなりません。「行為は存在に従う」という言葉があります。

聖書をよんでも
いくらよんでも感激がわかなくなったなら
聖書を生きてみなさい

ほんのちょっとでもいいから　（八木重吉）[23]

業の成否をふりかえるだけでなく、「聖書を生きる」存在かどうかを確認することが、歴史の点を生きるわたしたちに必要だと思えるのです。

9　最後に愛は勝つ　（一ヨハネ五章一～五節）

ヨハネの手紙一の結論部分がここから始まります。この手紙には「信仰・愛・従順」の語が揃って一～五節で使われています。三つの繋がりは「新生」（新しく生まれ変わる）にあります。

イエスはファリサイ派で議員のニコデモに、いきなり「人は新たに生まれなければ、神の国を見ることはできない」（ヨハネ三章三節）とおっしゃいました。戸惑うニコデモに、あの言葉を語られます。「神は、その独り子をお与えになったほどに、世を愛された。独り子を信じる者が一人も滅びないで、永遠の命（神の国）を得るためである」と（ヨハネ三章一六節）。信仰によって新しく生まれ、「神の国」（神の支配）に入った者、つまり神の子とされた者は、「生んでくださった方（神）を愛し、その方から生まれた者（お互い）を愛します」（一ヨハネ五章一節）。神の子とされるとは、神との交わりが回復される（神の子の身分を回復する）ということです。よい例は放蕩息子の喩でしょう。生前分与を要求して出奔し、その金を使い果たして帰ってきた息子を、父は無条件に迎え入れます。これほどまで愛されたのですから、その後、ひたすら父を愛したことでしょう。問題は同じ親から生まれた兄との関係でした。兄は不満でした。「なぜあんな奴を……」。しかし、神の掟は「互いに愛し合いなさい」と命じます。この掟に凝縮される神の律法に従うことは、人間の意志や努力では不可能です。イエスをメシアと信じ、彼を通して神の愛をいただくほか神の掟に従う道はないのです。自力で生み出した愛ではなく、神からいただいた愛によって愛するのですから、「神の掟は難しいものではない」（一ヨハネ五章三節）のです。いただいたものを差し出すだけなのです。その上、「わたしの軛《くびき》は負いやすく、わたしの荷は軽い」（マタイ一一章三〇節）と言われる方が共に荷を負ってくださるのです。

この書簡で頻繁に使われているもう一つの語は「世」（一ヨハネ五章四～五節）です。神の言葉に反し、神の不在を説き、物質的繁栄と権力が万能であると主張し、世を闊歩する「悪しき者」にわたしたちは「打ち勝つ」（四～五節）とヨハネは断言します。紛れもなくイエスの復活は決定的勝利宣言でした。しかし、十字架の時点で勝利は既に決していました。悪魔が勝利を収めたと思った十字架の瞬間が、実は悪魔の敗北の時だったのです。「最初の福音」として知られる創世記一章一五節は、この真理を預言した言葉です。神は、アダムとエバを唆《そそのか》した蛇に「彼（イエス・キリスト）はお前の頭を砕き、お前は彼のかかとを砕く」と語りました。「悪しき者」はキリストを十字架に追いやる。しかし、その時、悪しき者は致命傷を負い、決定的な敗北を喫すると宣言したのです。

十字架のイエス、復活のイエスをメシア（救い主）と告白する信仰こそ「世に打ち勝つ勝利」（一ヨハネ五章四節）です。「あなたがたには世で苦難がある」（ヨハネ一六章三三節a）。すべての者に苦難はあります。「しかし、勇気を出しなさい。わたしは既に世に勝っている」（ヨハネ一六章三三節b）。これがイエスの約束です。使徒パウロは語ります、「わたしたちの主イエス・キリストによってわたしたちに勝利を賜る神に、感謝しよう。わたしの愛する兄弟たち、こういうわけですから、動かされないようにしっかり立ち、主の業に励みなさい。主に結ばれているならば自分たちの苦労が決して無駄にならないことを、あなたがたは知っているからである」（一コリント一五章五七～五八節）。信仰から始めたい。そして、神を愛し互いを愛し、世に縛られず妥協もせず、ただひたすら世にキリストを証し、世に勝利する者として歩みたい。それがキリストの名を負う教会の、そして、学校の進むべき道でもあるのではないでしょうか。

10　主を喜ぶことは力の源

（ネヘミヤ八章九～一二節）

旧約聖書のネヘミヤ記は、元来エズラ記と一巻の書物であり、後に二巻に分けられ、後半はネヘミヤを中心に記されているので「ネヘミヤ記」と名付けられたようです。

紀元前六世紀前半から四世紀終わり頃のペルシア支配下でのイスラエル人に起こった出来事を紀元前二五〇頃に編集した書物です。バビロニアに捕囚民となっていたイスラエル人のエルサレム帰還、神殿と城壁の再建、祭司エズラによるモーセ律法の公布、ユダヤ教成立などがその内容です。

主人公のネヘミヤは、ユダ族出身のイスラエル人で、ペルシアの首都スサでアルタクセルクセス王の献酌官（高級官僚、王の相談役）として仕えていました。ある日、ネヘミヤは故国ユダの荒廃の報告を受けます。悲哀の中、王にエルサレムへの帰還と再建の願いを申し出たネヘミヤは、王の計らいでユダの総督として着任し、様々な妨害を排除しながらエルサレムの城壁の修復に取り組みます。修復完了後、モーセの律法を読み上げ、礼拝を捧げる民の様子を記したのがネヘミヤ記八章九～一二節です。

故国ユダの荒廃を知ったネヘミヤの最初の反応は、「泣き、嘆き」でした。当然の反応です。

しかし、すぐに「祈り」へと移行します（一章四節）。もし、私たちが、万策尽きた最後の手段として祈りに向かっているなら、それは順番が逆なのかもしれません。この後もネヘミヤは、事あるごとに祈っています。彼を気遣う王に応える前（二章四節）、敵の妨害の直後（三章三六節）、その敵の脅迫の後（六章九節）など、まずは跪いて祈るのです。そして、行動を起こします。

祈りの内容を見ると、ネヘミヤの人となりが分かってきます。彼は神を畏れる、慈しみ深い神を知る、人のことを自分のこととして受け取る、状況を知り、素早く悔い改める、御言葉を知る、神の力を信頼する、祈りは聞かれると信じる（一章五～一一節）。そういう人物でした。また、指導者（総督、知事）としてネヘミヤを見た時、その資質の最も豊かに現われるのは、人間的知恵や計画に走らないというところにおいてです。彼の祈りの姿勢からも分かるように、彼はまず神と向き合います。神と向き合い、そして仲間と向き合い、必要あらば、妨害する者たちと対決していきます。ネヘミヤは城壁の修復に当たって、事前に緻密な調査を行い、その後、綿密な計画を練っています。己の計画によってだけ規定される歩みは、仕事を危うくすることをよく知っていたのでしょう。一旦ことを始めると、妨げる者たちの嘲笑や攻撃を受けながらも、それらを克服して五二日で城壁の修復工事を終えました。エルサレムの再建は、かなり前から始まっており、神殿は一五〇年前すでに再建されていました。そして、次に城壁の再建が完了しました。これですべての再建工事は終わったのでしょうか。いいえ、工事はここで完成したわけではありませんでした。もう一つ大切なやるべきことがありました。モーセの律法の朗読です。完成は、そこに住む人の再建を待たなければなりませんでした。民の中にはまだ悪が除かれていないままだったのです。新しく歩む道を示し、悪を除くのが律法（御言葉）です。エルサレムの崩壊・没落は、律法への不従順からでした。つまり、自分勝手な道へ行こうとして神の約束を捨てたことに原因があったのです。ですから、御言葉に帰ることこそ再建への道なのです。ここで祭司であり書記官であるエズラが登場します。エズラの読む律法を聞き直した時に、懺悔そして謙遜へと民の心は動かされてゆきました。懺悔と謙遜の中で聞こえてきたのは、「喜び祝え」（八章一〇、一二節）という奨めでした。神が再び民の元に来てくださったという喜びの言葉です。この喜びの言葉こそ、民にとって新しい自己を築くことができる唯一の土台となるものです。人が御言葉を聞き、真剣に受け入れ、御言葉以外のものは何も持たない備えができた時、再建は完成します。そして、新しい歩みのために必要な力が与えられます。その力の源は、主を喜ぶこと（礼拝）にあると言ってもよいでしょう。

11　渇いている人はだれでも、来て飲みなさい（ヨハネ七章三七～三八節）

いつ頃だったかよく覚えていませんが、三年生の授業でイエスの奇跡を学んだ後のことでした。授業終了の挨拶を終えるとすぐ、一番後ろの席に座っていた男子生徒が私の所に来てこう言いました。「先生、マジであゝいうこと信じてんの……？」「ああ、マジで信じてる。でもなんで……？」と聞き返しました。彼は、「いや別に、信じてんならいいんだ……」と言い残して、席に戻りました。もう少し話したらよかったと今になって悔いる気持ちがないわけではありませんが、自分の「マジ度」というか真剣さを試されたような気がしました。

私は聖書を信じています。信じていることしか伝えられません。それはもちろん、一字一句がそのまま神の言葉であるという、いわゆる逐語訳であるということを受け入れているわけではありません。編集・編纂されたと思います。しかし、事実の記録であり、神の意思・こころが表現されていると理解しています。そこにはかつて生きた人たちの生き様《ざま》や死に様がありのまま記されています。失敗例のほうが多いかと思います。それによって私たちがいかに生きるかを教訓的に学ぶことができます。しかし、それ以上に神がどのように人々に関わっているかを見ます。

聖書の大前提は創世記一章一節です。「初めに神は天地を創造された」。「これを信じることができたら、聖書のすべてを信じることができる」と言った人がいます。まったくその通りだと思います。そして、その神は目には見えません。時間にも空間にも、いや、何ものにも制約されていないからです。この神が天地を創り、そして人間を創った。その理由が重要です。人と一緒にいたかったからだと思います。「誰かと一緒にいたい」を愛と呼びませんか。神は愛する対象が欲しかった。自然も動物も神は愛していた。でも、自分と同じように感動し、喜び、悲しみ、落ち込むような人格を持った存在が欲しかった。そこで自分に似せて人を創ったのです。

何が起こったか？　皆さんもよく知っているアダムとエバの話です。人は神から離れていった。そこから神が人を捜し求める歴史が始まったのです。神はアダムとエバに「どこにいるのか？」と問いかけました。共にいるためです。それ以来、神はずっと「わたしはあなたと共にいる」と言い続けています。アブラハム、ヤコブ、ヨセフ、モーセ、ヨシュア、預言者のエレミヤ、ダニエルなど。新約聖書に入ると、イエスの名前は「インマヌエル」、まさに「共にいる」です。更に福音書の最後では「世の終わりまで、共にいる」と語られています。執拗なまでに「わたしはあなたと共にいる」が繰り返されます。文脈から見ると、この言葉は保護・加護の表現です。「共にいるから、恐れるな。勇気を出しなさい」という励ましでもあります。しかし、これは神の「わたしはあなたと共にいたいんだ。一緒に生きたいんだ。苦しみだって一緒に負いたいんだ」との愛の表現、嘆願ではないのでしょうか。

しかし、人は弱い。見えないと信じない。今も昔も同じです。そこで、一時期だけ見えない神が見える姿を取り、神自身を示した。それがイエス・キリストでした。彼の生涯のクライマックスは何？「卒論」で書いてもらいましたが十字架と復活です。十字架と復活の目的は？人と共にいるためです。父なる神と子なるイエスの愛の表現です。でも共にいるだけでは愛の本質である交わりは生まれません。一緒にいても、そっぽを向いていれば、応答しなければ交わりも愛も不在です。黙示録三章二〇節にはこう書いています、「見よ、わたしは戸口に立って、たたいている。だれかわたしの声を聞いて戸を開ける者があれば、わたしは中に入ってその者と共に食事をし、彼もまた、わたしと共に食事をするであろう」。一九世紀の画家、ウイリアム・ハントが描いた「世の光」という絵画は有名です。この聖書個所を表現していると言えます。キリストが扉をたたいているのですが、扉の外側には取っ手がないのです。内にいる人が戸を開けないとキリストは入りたくても入れないのです。なぜなら愛は強制できないからです。神はイエスを通してこうおっしゃっているのではないでしょうか。「わたしはあなたと共にいたい。世の初めからずっと願っているように。今、あなたと共にいたい。でも心の扉を壊して入りたくはない。なぜならそれは愛じゃない、強制は愛じゃないから。待っている、開けてくれるまで」と。

ひとつの詩を紹介しましょう。「水のこころ」という高田敏子さんの作品です。

水のこころ

高田敏子

水は　つかめません
水は　すくうのです
指をぴったりつけて
そおっと　大切に――

水は　つかめません
水は　つつむのです
二つの手の中に
そおっと　大切に――

水のこころ　も
人のこころ　も

水はつかむことができない、つかもうとしたら指の間からこぼれてしまいます。そして、水の本来の目的である喉を潤すことができなくなります。御言葉も、つかもうとしたら、つまり把握や理解だけしようとしたら、心の渇きを潤すことができなくなってしまう。そおっと、そおっと大切に手のひら――掌《たなごころ》――に水を取っておくように取っておいてほしい。「た・な・ごころ」は「手の心」です。そして、じっと見つめていてほしい。そして、心が渇いたとき、唇をつけて水を飲みほしてもらいたい。

いつか、みんなも心が渇いてしまうことがあるでしょう。その時、イエスのもとに、神のもとに行ってください。イエスは言われます、「渇いている人はだれでも、わたしのところに来て飲みなさい。わたしを信じる者は、聖書に書いてあるとおり、その人の内から生きた水が川となって流れ出るようになる」（ヨハネ七章三七～三八節）。神は見えない、見えないだけに、いつでもどこでも神は応えてくださいます。その時、聖書に書いてあることが自分にも真実であると知るでしょう。そして、心が潤されたみなさんは、自分だけが潤うのではなく、川のように泉のように周りをも潤す人となることでしょう。

神が必ずそうしてくださることでしょう。祈ります。

第三章　共に……

1　西田玄告別説教

西田恵一郎

一九八三年九月六日、玄はこの世に生を受けました。その二か月前に私たち家族は米国から帰国しました。帰国直後に一歳年上の兄が、後に分かったことですが、オルニチン・トランスカルバミラーゼ（ＯＴＣ）欠損症という極めて稀な先天性疾患が原因で脳に障害を負いました。障害は身体全体に及んでいました。彼が入院していたその同じ病院で玄は誕生しました。先天性の病ですから、玄も同じ病を持っていることは間違いありませんでした。誕生の数週間前に小児科医が家内に言った言葉は「もう少し早い段階だったら産まない選択も……」でした。

オルニチン・トランスカルバミラーゼ欠損症とは、たんぱく質を分解するため肝臓に存在している酵素が欠損している病で、たんぱく質を分解することができず、体内にアンモニアがたまってしまう病気です。血中アンモニア濃度が上がると、嘔吐・倦怠感、更に高くなると意識障害を起こします。この病の診断ができず、処置が遅れてしまったために、玄の兄は障害を負ってしまいました。あらかじめ予測できていた玄は、食事制限と薬物療法で何とか脳に障害を受けることなく成長してゆきました。しかし、食べたいものも食べられない、運動や活動の制限を受ける、大量の薬を毎食後服用する。そのような毎日でした。小児特定疾患の指定が打ち切られた二〇歳の時までの入院回数は六〇回近かったと知りました。年に二〜三回の頻度です。

自身や兄が入退院を繰り返す中、親の手を煩わせたり、わがままを言うことは、ほとんどありませんでした。玄が六歳の時、この病が原因で兄は七歳で亡くなりました。玄が一〇歳の時、今度は家内が脳腫瘍を患い開頭手術を受けました。翌年、心筋梗塞の手術。その後の一〇年間くらいは、ほぼ普通の生活をしていた家内ですが、次第に日常の生活が思うようにならなくなってきました。その時も傍にいたのは玄でした。自身の通院に加え、家内の通院、買い物などにも一緒に行っていました。共に行動する中で得たのがフラワーアレンジメントの資格でした。この世界に身を置きながら、本人が最も強く感じていたのかもしれませんが、私たち夫婦もこの道ではないのではないかと思っていました。では何か……。お互いに口にするのをはばかるようなこと。それは献身の道でした。彼は聖職者の道を嫌がっていました。幼い時から教会の牧師、学校の牧師の姿をじっと見てきました。それは憧れなどではなかったのだと思います。キリスト者青年などの集まりの中で、世襲のように教会を継ぐ者、なってしまえば先生と呼ばれることにある種の満足感をもつ者、一応生活の安定が得られるなどの動機で牧師の道を選んでいく者を見たようです。

献身の道は、そのような動機で選ぶものではないのではないか……。しかし、ある時「この道しかない」と思い、献身の決断をしました。そして、二〇一四年四月、東京神学大学に入学しました。脳腫瘍治療と心臓病の後遺症と二〇年間戦った家内が三月二三日、天に召された直後でした。彼女の玄への遺言は「聖書を読みなさい」、私には「玄の入学式に出てあげて」でした。

それから、二年半。一年目は神学校のある三鷹まで二時近くかけて通学し、二年目からはアパートで自炊。それまでは制約された生活を強いられていましたが、生まれて初めてキャンパスライフを楽しんだのではないでしょうか。あれほど入退院を繰り返していたのに、食生活や活動なども自分で制してアンモニア値をコントロールしていました。この七年間は一度も入院していませんでした。「だんだん自立してゆくのだな」と頼もしく感じ、正直なところ私は少し安心していました。この間に様々なことを感じていたのでしょう。お世話になった先生にこのような便りを出していました。

僕にとって重要かつ課題なのは、どれだけ勉強するかより、どれだけ人と向き合うか。人と向き合う勇気がない者に明日の陽は眩しすぎて痛いでしょう。明日は明日の風が吹く。母がよく言ってた気がします。人と向き合うことを重視すると書きましたが、僕は生来冷めやすく、無関心になりがちだったからです。戒めないとサボり癖が出るからです。今年は編入生が同期生として二〇人増えます。内心関わるのが面倒だと思いつつ、逃げても良くないなと思っています。それではまた。

家内は騙されても、裏切られても、傷ついても、人を大切にする、常に人と向き合う女性でした。それが高じて、時には人と争うようなこともありました。彼女と共にいる時間が長かった玄はそれを見ていたのでしょう。そして、それがよいと感じていたのでしょう。私たち説教者あるいは牧師は分かっているつもりでも、人と向き合うのではなく、知らず知らずのうちに自己満足や自己陶酔の中で語ってしまいます。その誘惑は大きいと思います。ありがたいことに、この二年半、彼と共通の話題で話ができました。それは、神学論争ではありませんでした。どうしたら信徒や子どもたちに聖書の真理を、福音を分かりやすく伝えることができるかでした。また、どうしたら弱い人、病む人を慰められるかでした。

彼は自分が病んで、弱さを抱え、その辛さを知っていたからでしょう。体に無理がきかないことを知りながら、病院付チャプレンとして働きたいと願っていました。それが叶わなければ、学校で子どもたちと一緒に、とも。今回、アメリカ旅行をした目的のひとつにアメリカの神学校で学びたい、そのためにアメリカを見たいというのがあったと思います。立派にやり遂げて帰国しました。帰国後の対応において父親としての後悔が限りなくあります。処置における病院の対応や医療制度に対する恨みもあります。そして、「途半ばで、志半ばで……」とも思います。しかし、彼の地上での働きは完成したのだと思います。私を含めて、誰も納得しないかもしれません。しかし、完成した。後の働きは、残された私たちに託されているのではないかと思えるのです。私にはもう一人、息子がいます。長男である彼は、海外にいるため葬儀には間に合いませんでした。しかし、毎晩、電話をかけてきました。一度、電話口でこんなことを言いました。「玄は役割を終えて、天国に行きたがってるんだよ。崇とマミーと一緒だからいいんだよ。残された俺とダディーがやることをちゃんとやらなくちゃダメなんだよ」。私も玄に付き添っているとき、ふと崇と家内が「もういいよ、こっちへおいで」と招いていると感じたことがありました。神学的根拠は……。ありません。ただそう感じただけ。そう思いたかったから……、かもしれません。

最後に、一冊の絵本と、玄が聖書研究の時に用いた聖句を読んで終わりたいと思います。

絵本は次のようなお話です。(24)

太郎は長い間、病気で臥《ふ》していましたが、ようやく床《とこ》から離れて出られるようになりました。けれどまだ三月の末で、朝と晩には寒いことがありました。

だから、日の当たっているときには、外に出てもさしつかえなかったけれど、晩方になると早く家に入るように、お母さんからいいきかされていました。

まだ、櫻の花も、桃の花も咲くには早《はよ》うございましたけれど、梅だけが垣根のきわに咲いていました。そして、雪もたいてい消えてしまって、ただ大きな寺の裏や、圃《はたけ》のすみのところなどに、幾分か消えずに残っているくらいのものでありました。

太郎は、外にでましたけれど、往来にはちょうど、だれも友だちが遊んでいませんでした。みんな天気がよいので、遠くの方まで遊びにいったものとみえます。もし、この近所であったなら、自分も行ってみようと思って、耳を澄ましてみましたけれど、それらしい声などは聞こえてこなかったのであります。

独りしょんぼりとして、太郎は家の前に立っていましたが、圃には去年取り残した野菜などが、新しく緑色の芽をふきましたので、それを見ながら細い道を歩いていました。

すると、よい金《きん》の輪《わ》の触れ合う音がして、ちょうど鈴を鳴らすように聞こえてきました。かなたを見ますと、往来の上を一人の少年が、輪をまわしながら走ってきました。その輪は金色に光っていました。太郎は目をみはりました。かつてこんなに美しく光る輪を見なかったからであります。しかも、少年のまわしてくる金の輪は二つで、それがたがいに触れ合って、よい音色《ねいろ》をたてるのであります。太郎はかつてこんなに手際《てぎわ》よく輪をまわす少年を見たことがありません。いったいだれだろうと思って、かなたの往来を走ってゆく少年の顔をながめましたが、まったく見覚えのない少年でありました。

この知らぬ少年は、その往来を過ぎるときに、ちょっと太郎の方を向いて微笑しました。ちょうど知った友だちに向かってするように、懐《なつ》かしげに見えました。

輪をまわしてゆく少年の姿は、やがて白い路《みち》の方に消えてしまいました。けれど、太郎はいつまでも立って、その行方を見守っていました。太郎は、「だれだろう」と、その少年のことを考えました。いつこの村へ越してきたのだろう？　それとも遠い町の方から、遊びに来たのだろうかと思いました。

明くる日の午後、太郎はまた圃《はたけ》の中に出てみました。すると、ちょうど昨日《きのう》と同じ時刻に、輪の鳴る音が聞こえてきました。太郎はかなたの往来を見ますと、少年が二つの輪をまわして、走ってきました。その輪は金色に輝いて見えました。少年はその往来を過ぎるときに、こちらを向いて、昨日よりもいっそう懐かしげに、微笑《ほほえ》んだのであります。そして、なにかいいたげなようすをして、ちょっとくびをかしげましたが、ついそのままいってしまいました。太郎は、圃の中に立って、しょんぼりとして、少年の行方を見送りました。

いつしかその姿は、白い路のかなたに消えてしまったのです、けれど、いつまでもその少年の白い顔と、微笑とが太郎の目に残っていて、取れませんでした。

「いったい、だれだろう」と、太郎は不思議に思えてなりませんでした。いままで一度も見たことがない少年だけれど、なんとなくいちばん親しい友だちのような気がしてならなかったのです。

明日《あした》ばかりは、ものをいってお友だちになろうと、いろいろ空想を描きました。やがて、西の空が赤くなって、日暮れ方になりましたから、太郎は家《うち》の中に入りました。

その晩、太郎は母親に向かって、二日《ふつか》も同じ時刻に、金の輪をまわして走っている少年のことを語りました。母親は信じませんでした。

太郎は、少年と友だちになって、自分は少年から金の輪を一つ分けてもらって、往来の上を二人でどこまでも走ってゆく夢を見ました。そして、いつしか二人は、赤い夕焼け空の中に入ってしまった夢をみました。

明くる日から、太郎はまた熱が出ました。そして、二、三日めに七つで亡くなりました。

玄には金の輪を一つ分けてもらい、一緒に走ってゆく友だちがいました。楽しい時を過ごしたに違いありません。

彼が聖書研究会で用い、殊に伝えたかった聖句を三つ紹介します。

主は羊飼い、わたしには何も欠けることがない。

主はわたしを青草の原に休ませ
憩いの水のほとりに伴い
魂を生き返らせてくださる。
主は御名にふさわしく
わたしを正しい道に導かれる。
死の影の谷を行くときも
わたしは災いを恐れない。
あなたがわたしと共にいてくださる。
あなたの鞭、あなたの杖
それがわたしを力づける。（詩編二三編一～四節）

弱い人に対しては、弱い人のようになりました。弱い人を得るためです。すべての人に対してすべてのものになりました。何とかして何人かでも救うためです。福音のためなら、わたしはどんなことでもします。それは、わたしが福音に共にあずかる者となるためです。

（一コリント九章二二～二三節）

「弱い人に対しては、弱い人のように……」、この聖句は弱さを知る玄ならではという納得の御言葉として受け取ることができました。意外だったのは次の御言葉でした。

恐れるな。語り続けよ。黙っているな。わたしがあなたと共にいる。……この町には、わたしの民が大勢いるからだ。

（使徒言行録一八章九～一〇節）

こんなに力強く、大胆に語る姿を玄から想像していませんでした。私には、いつもクールで我慢強い玄でした。しかし、青年たちから「玄（ゲン）ちゃん、結構そういうところありましたよ」と聞き、嬉しく、誇らしく思い「確かに彼は神に召されていた」と安心しました。

この言葉を玄は主から聞いた。そして、主はこれを玄に語らせた。わたしたちは、「恐れてはならない、語り続けなければならない、黙っていてはならない」のです。そして、語るだけではなく、御言葉に生きなければならない。それに命を懸けなければならない。そのために生かされているのですから。

召された玄はもう語らないのか。そうではない。これからも彼はきっと語り続ける。玄を通して行われる主の業は始まったばかりかもしれません。

（二〇一六年八月一三日）

2 〝FIND YOUR WAY〟

――あなたがたはキリストの体であり、また、一人一人はその部分です。

（一コリント 一二章二七節）

西田 玄

奉仕と聞くと何だか身構えてしまいませんか？ あたかも己を犠牲にして教会に尽くす。そんなイメージを抱く方もいるかもしれません。そういう側面もあるでしょうが、そんなに難しいことではありません。私たちは一人一人がキリストに結びついています。教会に繫がっているのです。それだけでもう十分奉仕していると言えないでしょうか？

教会に来る子どもたちに「君たちは教会に奉仕するべきだ！」などと叱責する人がいるでしょうか？ 子どもや青年が教会に来れば、みんな目を細めて喜びます。若い人が教会に来る。ただそれだけのことが大きな喜びとなる。これはもう十分に教会に貢献していると言えないでしょうか。僕自身中高生の頃、教会には年に数回顔を出すだけでした。それにもかかわらず教会員の皆さんはいつでも僕を温かく迎えてくれました。僕が今こうして神学生として相模原教会に繫がっていられるのはそんな些細なことなのです。同じように最近僕は自分より若い人たちが教会に繋がってくれることを嬉しく思います。久しぶりに顔を見ると頭をクシャクシャと撫でてやりたい衝動に駆られるほどです。これは単に自分がいい歳になったからでしょうか。また、彼らが教会の奉仕を嫌々ではなく好意的に捉え取り組んでいる姿は僕を励まします。

教会には様々な人がいます。それはつまり、奉仕の形も様々だということです。その人に合った役割が必ずあります。語る人がいれば聞く人もいなければ成り立たないのと同じように、たとえ何もできなくともただ教会に繋がってくれるだけで大きな恵みの実を結ぶのです。そうは言っても働く人がいないと困るのも事実でしょう。その時は求めて祈りましょう。そして、もし奉仕に疲れたら休んでください。教会は渡り鳥が羽を休める湖のようなホッとする場だから。

（「広報　相模原」九二号）

3　奉仕

西田恵一郎

「奉仕」というとルカによる福音書一〇章のあの「マルタとマリア」の話を思い出し、「自分はどちらのタイプだろう。つい気忙しく動いてしまうし、やっぱりマルタかな……、奉仕よりもう少し落ち着いて御言葉を聞かなきゃ……」と反省しながら自己分析で終わっていることがあるかもしれません。しかし、「奉仕」とは専ら動くことで、聞くことの対極に立つものなのでしょうか。もてなしのためせわしく立ち働いているマルタが「主よ、わたしの姉妹はわたしだけにもてなしをさせていますが、……手伝ってくれるようにおっしゃってください」とイエスに訴えた時、イエスは「マルタ、マルタ、あなたは多くのことに思い悩み、心を乱している。しかし、必要なことはただ一つだけである」と答えます。ここでの「必要なただひとつのこと」とは何だったのでしょうか。この箇所を「イエスは、マルタの働きを責めているのではない。ましで、活動生活に対する、観想生活の優越性を説こうとしているのではない。いつどこにあっても、唯一の必要なものとは何か、すなわち、イエス・キリスト自身に他ならないことをマルタに言いきかせようとしているのである。神秘家エックハルトは、この唯一の必要なもののために働くとすれば、マルタの方がマリアよりも秀れている、とさえいう」[25]と奥村一郎神父は解説しています。

別の場面では、イエスに対するマリアの行為が記されています。マルタ、マリア、ラザロ姉弟の家があるベタニアでのことでした。時はイエスが十字架につけられるためエルサレムに入城する直前、家では夕食が用意されていました。マルタは給仕をしています。マリアは「主の足元に座って、その話に聞き入っていた」（ルカ一〇章三九節）でしょうか。いいえ、彼女はナルドの香油を「イエスの足に塗り、自分の髪でその足をぬぐった」（ヨハネ一二章三節）のです。この時、「なぜ、この香油を三百デナリオンで売って、貧しい人々に施さなかったのか」と弟子の一人がマリアを責めるのを、イエスは「するままにさせておきなさい」と制しました。主の足元に座って話を聞くこと、給仕すること、香油を塗ること、すべてはイエスに対する思いから生まれた行為です。情動による行動とでも言えましょうか。マタイによる福音書二五章に、終わりの時、すべての国の民が羊と山羊を分けるようにより分けられるという例え話が記されています。この話の主人公である王は「わたしの兄弟であるこの最も小さい者の一人にしたのは、わたしにしてくれたことなのである」（四〇節）と語っています。「わたし」とは誰でしょうか。イエスであることは明らかです。「小さい者に食べさせ、飲ませ、宿を貸し、着せ、見舞い、訪ねる」ことはみなイエスにすることなのです。これらの行為は自発的でした。無意識のうちに行われたとも言えます。報われるためという目的意識も感じられません。つまり、これらの行為の根底には王に対する愛が、そして、その愛から生まれた思い遣りや気遣いがあったと言えないでしょうか。

「奉仕」という語は、神に対する服従や神に仕えることをさします。イエスは、旧約聖書を引用して「あなたの神である主を拝み、ただ主に仕えよ」（申命記六章一三節）、また「あなたたちの神、主に従い、これを畏れ、その戒めを守り、御声を聞き、これに仕え、これにつき従わねばならない」（一三章五節）と勧めています。この前の四節で「（神が）心を尽くし、魂を尽くして、あなたたちの神、主を愛するかどうかを知ろうとされた」に続く言葉です。神はわたしたちを愛しておられます。同時に、わたしたちに愛されたいと願ってもおられるのです。

この神との愛を温める、言い換えるとキリストとのかかわりを生きるところから奉仕を捉える必要があるのではないでしょうか。奉仕は「わたしがあなたがたを愛したように、あなたがたも互いに愛し合いなさい」（ヨハネ一三章三四節）の上に立っているように思えるのです。

（「広報　相模原」九二号）

4　目を覚まして祈っていなさい　（マルコ一四章三八節）

西田　玄

マタイ、マルコ、ルカ福音書に記されているイエス様のゲツセマネでの祈りの場面でペテロを始めとする弟子たちは目を覚ましていなさいとイエス様に言われたにもかかわらず眠ってしまった。ひどく眠かったのである。

十字架による受難がいよいよ間近に迫り血が汗のように滴るほどの苦しみにイエス様は遭われていた最中である。

弟子たちを信仰の薄い者と思いますか？　この弟子たちの姿は私たちクリスチャンの偽らざる真実の姿です。イエス様が苦しみ悶える姿に私たちは鈍感になってしまうのです。眠り込んでしまいイエス様の痛みやそれに伴う救いの業を見過ごしてしまう。どんなに信仰が熱していてもその熱はいずれ冷めてしまいます。刀鍛冶は熱した鉄が冷めて硬くなってしまう前に打つと言われます。信仰もこれに通ずるかもしれません。救い主イエス様を知ることで燃え上がった心をより確かなものにするために〝祈り〟が必要と言えるのではないでしょうか。

「誘惑に陥らぬよう、目を覚まして祈っていなさい。心は燃えても、肉体は弱い。」
（マルコ一四章三八節）

不変の信仰で生きられる人間はいない。私たちは時に疲れ、顔を伏せてしまう。しかし、そのまま流れに身を任せてしまうと様々な悪が私たちを覆ってしまう。だからこそ祈り続けなければ、あっという間に誘惑に陥りその虜になってしまう。ゲツセマネで切に祈ったイエス様のように祈りに対して真摯に向き合うことを私たちは大切に考える者でありたいと願います。

「鉄は熱いうちに打て」と言いますが、クリスチャンは「信仰は熱いうちに祈れ」でしょうか？

一人で祈れないのなら二人で。二人が三人に。そうして輪になって祈る共同体である教会が生まれました。クリスチャンには祈る確かな対象と場所が与えられているのです。

（「広報　相模原」九五号）

5　祈りを欲せられる神

西田恵一郎

「熱、下がったよ、チャプレン！　アーメン」と言って、一人の学生が親指を立てました。学内の売店でのことです。大学生になって初めて聖書を手にする割合九五パーセント強。聞き慣れない横文字が新鮮なのでしょうか……。「チャプレン！」と呼ばれるのは私にとっても新鮮です。「チャプレン」としての自覚が促されます。

キリスト教概論の授業では毎回短く祈りの時をもちます。欠席者を覚え、また学生から挙げられた「祈りの課題」を祈ります。売店で会った学生は前週の授業を欠席していました。友人たちが発熱のためと教えてくれたので、元気になるように祈ったのです。この習慣は昨年度まで勤めた学校でも行っていました。生徒からよく出されたリクエストは「テストでよい点が取れるように」でした。「分かった、でもしっかり準備するんだよ」と釘を刺すと、「えー、分かってるけど……」の反応。「『祈りかつ働け』と修道士たちは修道生活に励んだんだ。それに、祈りは思い通りにならなくても、思い以上になればいいいんじゃないのかな」と諭して、祈りを捧げていました。

すべての祈りが思い通りに叶えられるわけではありません。「わたしが願うことではなく、御心に適うことが」とイエスが祈られた通りです。これは私自身も家族の病や死を通して経験しています。

しかし、すべての祈りは聴かれています。祈りは神との対話ですから、神と私たちとの遣《や》り取りはすべて聴かれていますし、神の心の内に収められています。私たちが忘れてしまった祈願でさえ神は覚えていらっしゃいます。決して無視したりなさいません。その上で「わたしが願うことではなく、御心に適うこと」を行われるのです。ここでは私たちの神への信頼が問われています。「神は決して悪いようにはなさらない。むしろ思い以上のことをされる」という信頼が。

祈りは神との交わりです。したがって願い事を言い尽くして、祈ることがなくなったと思う時、「ここにいます」と沈黙の中で神の前に身を据える。これも祈りなのです。「神は人間の祈りを必要とはされないが、それを欲せられる」(26)。神は人と共に時を過ごしたいのです。神は遍在だから、祈りの時も場所も自在だ。然り……。けれども人が命そのものである時間を捧げるのは神への愛の表れです。可能な限り神と共に時を過ごしましょう。神はそれを心待ちにしておられます。

（「広報　相模原」九五号）

6　私の息抜きの方法

西田　玄

神学生は日々の勉強と奉仕に追われてなかなか息抜きする暇はないかもしれません。また、寮生と通学生の違いもあるので難しいでしょう。僕の場合は音楽を聴いたり、勉強に関係のない本を読んだり、スポーツを観たりします。我が家の猫は犬と違って、じゃれると次第に本気になるので僕の腕は傷だらけです。

誰にでもできる息抜きの方法としては、たった一人だけでも本音で語り合える信徒の友を持つことだと思います。勉強のことや勉強以外のことを包み隠さず話せる相手がいるだけで精神的に随分と違うはずです。語り合う内容がたとえ不平不満ばかりだとしても構わないと思います。思い煩うくらいなら吐き出してしまえ！

（東京神学大学学生新聞「風の翼」二〇一五年六月通巻六一号、在校生特集「新入生へのアドバイス」より）

7　生き方で伝える

西田恵一郎

神学校二年目を終え、翌年から始まる専門課程の履修登録のために私は指導教授のオフィスにいました。慣れない英語での授業も、生まれて初めてと自認できるほどの努力の甲斐あり、何とかクリアできました。「教授、僕は専攻を変更しようと思うのですが……」。そう切り出した私の顔を訝しげに見ながら、「なぜだい？　大学院に行く時、今の専攻の方が有利だよ」と教授は忠告してくれました。変更理由を英語で説明するのが面倒くさかったのもありましたが、正直なところ内心を見透かされたと思いました。「分かりました」と答え、実践神学三年の教科をすべて登録しました。その中には、説教学もありました。実は説教学が嫌で、それが必修でない専攻に変更しようとしていたのです。授業で語った説教の一部を今でも覚えています。そして、担当教授に指摘された文法の誤りも。

伝道は語ること（説教）なしで行うことはできません。「宣べ伝える人がなければ、どうして聞くことができよう。遣わされないで、どうして宣べ伝えることができよう。『良い知らせを伝える者の足は、なんと美しいことか』と書いてある通りです」（ローマ一〇章一四b～一五節）。米国の神学校で学んだのは聖霊に満たされて語ること、そして日本の神学校で学んだのは学問的にしっかりと語ること。一言でまとめると、このようになりそうです。前者に対しては「どうしてそう熱くなるの？」、後者に対しては「どうしてそんなにもったいぶるの？」とつむじ曲がりな私は感じてしまいます。いずれにせよ、「宣教者は、神の言葉がその効果を発揮するために、伝令のように忠実にこれを伝えなければならない。そして不純な意向による場合があっても、とにかくキリストが告げられていることを忘れてはならない（フィリピ一章一五～一八節）。したがって、信仰を伝える道具となる神の奉仕者自身は、どんな人間であるかということは問題ではなく、肝要な点は、イエス・キリストが宣教の土台となっているか否かということである。それ以外ののは余分のものである」（『聖書思想事典』）。それゆえに、「わたしたちの福音があなたがたに伝えられたのは、ただ言葉だけによらず、力と、聖霊と、強い確信とによったからです」（一テサロニケ一章五節）とパウロが語るように、自らの不完全さを自覚しながら、キリストに対する確信をより確かなものとされてゆかなくてはならないと思うのです。

更に、「神への純粋愛のためにピンを拾い上げることは、賞賛や名誉を求めて輝かしい説教をすることより、もっと偉大な行いなのだ」。

8　試練は喜び

西田　玄

今日のテーマを「試練は喜び」としましたが、まさに今この状況が試練であり、喜びだと思っています。常識的に考えて、試練が喜びになるとは考えられないと思います。むしろ、そう感じるのがごく自然で、当たり前のことだと思います。僕自身も別にキリスト者だからといって、試練を神様からの恵み、喜びだと思ったことは正直、一度もありません。試練が与えられるたびに、「なぜなんだ、どうしてなんだ、理解できない」と憤りにかられていました。特に、僕は幼い頃から持病で入退院を繰り返していたので、そのたびに「なぜなんだ」と感じずにはいられませんでした。僕は最近、一年ほど前から、自分と神様との関係について、自分は神様によって地に突っ伏されている。倒されている、そんなイメージをずっと抱いていました。もしかしたら、今現在もまだ、神様によって地に伏せられたままなのかもしれません。そこで、憤って怒るだけではなく、この一年ほどで、そこから見える景色が何なのかを見させられているような気がします。神学校に入って日々の勉強の中でいろいろと考えさせられることがあります、正直、勉強に関しては、よく理解しているかと言われれば、あまり理解していませんが、この一年間、自分と教会との関係をすごく考えているような気がします。また、神学校に入ってから、僕がそれまで経験してきた病気による苦しみやそういった様々なことは、この日のためにあったんじゃないかと、そのように感じるようになりました。そのように感じるようになりましたというより、そのように思わずにはいられない。そうでなければ、あまりにも自分のそれまでの人生は理不尽すぎるのではないかとも思っていました。聖書の中でも、キリスト者は忍耐する人ではないのかと思います。イエス・キリストがそもそも忍耐の人でした。しいたげられ、罪がないのにとがめられ、十字架につけられ、死して葬られた。これほどの犠牲があるでしょうか。そして、イエスの教えを受けた弟子たちも様々な迫害に遭いながらキリストの愛を伝え続けました。私たちキリスト者は、忍耐することでキリスト者だということを証しできるのだと思います。忍耐によって視野が広がり、それによって祈るということがどれほど大きく、意味があることかを理解させられるのではないでしょうか。「信仰が試される」と書かれています。キリスト者は様々な状況の中で、困難や迫害に遭うものです。それは現在においても恐らく変わらないでしょう。ですが、そこで憤るのではなく、私たちの主が忍耐したのと同じように、私たちも目の前の試練に忍耐するしかないのではないかと思います。その試練を喜びと思うのは、その場では恐らく無理でしょう。僕自身も今だからこそ過去に経験したあらゆる出来事は身になっているのではないかと今になって気付くようになりました。その当時は、全くそんなことは思っていませんでしたし、喜ぶどころか、むしろ憎んでさえいました。

神学校に入ってからある音楽をネット上で聞きました。それはクリスチャンのバンドが歌っている曲で、最初はそういうものだとは知らなくて、何気なく聞いていて、「ああいい曲だなあ」と思って、気に入ったなあと思っていたら、そこで歌われている曲がヤコブの手紙一章に関することでした。それ以降、それまでさほど気にしていなかったヤコブの手紙がとても身近に感じられ、とても興味深い箇所なので、今日はここを選びました。私たちは苦しみの中でこそ祈りがよりリアリティーを持つのではないでしょうか。より真に迫る祈りというか、普段の祈りがまったく無意味な空虚なものというわけではなく、試練や苦しみに遭った時にこそ私たちの祈りというのは具体的かつリアリティーがあり、真に迫った、吐き出すような祈りになるんじゃないでしょうか。今こうして語っているのも、正直何を話したらいいか分からない、そういう思いでいます。ですが、この一年間、何度か皆さんの前で、話をする機会が与えられて、それは紛れもなく試練なんですけれども、「どのように準備しようか、どのように話そうか。自分の語った言葉は何か間違っていたんじゃないか、自分の言葉によってかえって信仰の雲行きが怪しくなる人が出てしまうんじゃないだろうか」、そういった怖さを感じつつも、祈祷会などで話をさせていただいています。怖いですけれど、それは語らせていただけるというふうに感じられるようになってからは、恐れと同時に少しの喜びも感じるようになりました。これが全幅の喜びになるには少し時間がかかるでしょうし、それに気付かされるのはずっとずっと先でしょうし、もしかしたらそこまで自分は感じることができない人間なのかもしれませんけれど、忍耐というのは神様から与えられたプレゼントというふうにとって、日々祈り、そして共に祈り、励まし合っていくのがキリスト者のあるべき姿なのではないでしょうか。今日、日常の忙しい最中、朝早くから集まっていただいて、こうして皆さんと共に祈りの時、交わりの時を持てることをとても嬉しく思います。皆さんとペンテコステの祝日をお祝いできることを神様に感謝したいと思います。それではお祈りいたします。

天の父なる神様、今日こうして早天祈祷会の時を持つことができたことを感謝いたします。そして、ここにこうして立たせて、語らせていただけることをも感謝いたします。私たちは日々の生活の中で様々な試練に遭いますけれど、どうかそれをあなたと共に、あなたが励まし、慰めてくれるということを常に意識して、試練さえも神様からのギフトだというふうに取ることができるように私たちの信仰を強めてください。その時には何も気付かない私たちかもしれませんが、いずれ神様からの温かいメッセージを受け取ることができるように私たちの信仰の目を開かせてください。今日はペンテコステです。お祝いの日でもあります。一人一人と交わりをもって、この日が良い祝いの日となるように、一人一人に働いて、またこの教会を祝福してください。この教会のみならず同じように礼拝を守っている日本全国の教会、あるいは世界各地においての教会にも神様の祝福が与えられますように。この祈りをイエス・キリストの御名によってお祈りいたします。アーメン

（相模原教会　二〇一四年ペンテコステ早天祈祷会奨励）

西田玄
（2016年7月31日、フロリダにて）

第四章　今を……

1　還暦に思う

この文章は、二〇一五年夏、青山学院中等部退職に際し、生徒に書き置くものとして認めたものです。

受洗記念日（洗礼を受けた日）は一九七一年二月二八日、中学三年生の時でした。高校卒業後、アメリカの神学校に留学。九年過ごすことになります。病院カウンセラーとして五年、教会の牧師として九年、キリスト教学校の宗教主任として前任校で一〇年、中等部で一一年。気が付けば今年、還暦を迎える歳になっていました。結婚や転職など何度か転機はありましたが、私の人生に最も大きく影響を与えたのは中学三年生の時に洗礼を受けたことではなかったかと思い返します。

全国大会に出場して終えた部活のバレーボール……。あれほど心を燃やしてくれるものは他に見つかりませんでした。中学一年生の時、姉に連れられて初めて行った教会、何を言っているやら全く分からなかった礼拝、しかし何か心引かれるものがそこにはありました。足は家から自転車で一〇分ほどの教会に向かっていました。礼拝は既に始まっていました。賛美の声が聞こえてきます。人見知りで小心者の私は扉を開くことができないでいました。「やめようか……」、でも「今日入らないと、もう入らないのでは……」と内なる声とでもいうのでしょうか、その「声」に従いました。その声に押されて入ったと言った方が正確かもしれません。約六ヶ月後、瀬戸内海の岸辺で洗礼を受け――その教会は浸礼（全身を水に浸す形式）を行っており、当時教会に洗礼槽がなかったのです――キリスト者となりました。

高校進学後もバレーボールを続けましたが、あの時ほどの思いを持つことはもうできませんでした。一年生で退部、他の運動部からの勧誘もありましたが、気持ちが動きません。一方、心はどんどん教会に向いてゆきました。主日礼拝はもちろんのこと、水曜祈祷会、早天祈祷会にも時々出席するようになりました。気が付けば、学校でのあだ名は「牧師」になっていました。とても嫌なニックネームでしたが、友人たちは預言者だったのかもしれません……？ 預言通り卒業後、神学校に進むことになります。

六〇年生きてきた中で色々な考え方や価値観に翻弄され、自分を見失いそうになったこともしばしばです。そのような時、立ち止まり考え、感じ直し、また前に進ませたのは洗礼を受けた時の思いだったと言えます。「イエスのような『人』になりたい」から始まり、「人であったイエスは神の子だった」と知り、「死から甦られたイエスは死を克服し、今も共にいてくださる」と気づき、更に「私の内にいてくださる」と信じることができるようになりました。「イエスの内で、イエスと共に、イエスのために生きている。否、生かされている。そして、あなたにもイエスを知ってもらいたい」。こう思うようになった原点は、中学三年生時のあの信仰告白だったのです。

使徒パウロは語っています、「生きているのは、もはやわたしではありません。キリストがわたしの内に生きておられるのです。わたしが今、肉において生きているのは、わたしを愛し、わたしのために身を献《ささ》げられた神の子に対する信仰によるものです」（ガラテヤ二章二〇節）。人は常に「何あるいは誰のために生きるのか……」と生きる目的を探し求めています。お金のため、家族のため……、目的は様々でしょう。パウロはイエスとの出会いにおいて、答えを見出しました。それは「使命」とも呼べます。この私にもイエスとの出会いがあり、パウロの比ではないながら、使命が与えられています。前述した彼の告白は私のものでもあります。また「だから、体を住みかとしていても、体を離れているにしても、ひたすら主に喜ばれる者でありたい」（二コリント五章九節）とも宣言したい。パウロと共に、「それが私の生きる目的でもある」と断言したい。心からそう願います。

ここで、パウロが「主に喜ばれることをしたい」ではなく「主に喜ばれる者でありたい」と言っているのには深い意味があると思います。その言葉に彼の主イエスとの関わり・交わりの深さが隠されているからです。彼はイエスを愛していました。だから主にふさわしい者になりたかったのです。そして、彼の行動はすべてこの主への愛に基づいていました。「主のために」と銘打って自らの野心の実現のために伝道する者たちがいる中、一民族宗教で終わったかもしれないキリスト教を世界宗教にし、後に彼がいなかったなら今日のキリスト教はなかったといわれるほどの功績をあげても、彼は自分を主の僕《しもべ》（ドゥーロス＝奴隷）と呼んではばからず、自分の願いは偉大なことを成し遂げることではなく、主に喜ばれる者となることだと告白しました。彼は主イエスを愛していただけでなく、「見えるものは過ぎ去りますが、見えないものは永遠に存続する」（二コリント四章一八節）ことをもよく分かっていたのです。「どういう者（人）」であるかが「どういう事」を為すかにかかっているのです。神は誰に何を託したらよいかをご存じなのです。

最後に詩に重ねる私の願いを述べて終わることにしましょう。

・わたしは事を為す時、このような心持ちで臨みたい。

花はなぜうつくしいか
ひとすじの気持ちで咲いているからだ
本当にうつくしい姿
それはひとすじに流れたものだ
川のようなものだ。　（八木重吉）(27)

・また、どういう者（人）になりたいかと問われたら、

川はみな、海に流れ入る、しかし海は満ちることがない。（伝道の書一章七節、口語訳聖書）

こんな海のような人になりたいと答えたい。

・そして、どういう牧師（牧者）でありたいかと訊かれたら、

牧人が背負う袋に入れるのは、明日の為に眠る身をくるむ布と変わらぬ歩幅を支える為の食料だけだ。他に持つものと言えば、空の変幻を知る目と羊の顔を見分ける心にすぎない。

これを実践する牧師でありたいと答えたい。

わたしは、既にそれを得たというわけではなく、既に完全な者となっているわけでもありません。何とかして捕らえようと努めているのです。自分がキリスト・イエスに捕らえら

れているからです。兄弟たち、わたし自身は既に捕らえたとは思っていません。なすべきことはただ一つ、後ろのものを忘れ、前のものに全身を向けつつ、神がキリスト・イエスによって上へ召して、お与えになる賞を得るために、目標を目指してひたすら走ることです。

（フィリピ三章一二～一四節）

還暦牧師の日々は続きます。皆さんも「主にあって、主と共に、主のために」の歩みを続けてください。祝祷（祝福の祈り）で終えるのが牧師には最もふさわしいでしょう。

主イエス・キリストの恵み、神の愛、聖霊の交わりが、あなたがた一同と共にあるように。

（二コリント一三章一三節）

2　悲しみの構築

一年後の夏、その還暦牧師は三男を失いました。

「なぜアメリカ旅行を許したのか……、なぜ成田に迎えに行かなかったのか……」、「もし救急医療体制が……、もし病院が……」、「妻がいてくれたら……、もっとわたしが毅然としていれば……」、後悔・恨み・自責・怒りを抱えながら集中治療室で意識のない息子を見守った一週間、心は張り裂けそうでした。そして、最期の時を迎えました。弔いの式を済ませ、諸手続きも終えかけた頃、二年半前に逝った妻のことが思い返されました。彼女に対する後悔や自責の思いが強く迫ってきました。きっかけは、息子の遺品を整理している時に見つけた彼女の日記でした。「本当にごめん、戻って来てくれ。もう一度やり直したい！」。どのように強く願っても不可能なのは分かっています。信頼する人に打ち明けました。書籍に答えを求めもしました。「眞由美さんがあなたを責めているわけないでしょ」、「悔い改めは、『主よ、ごめんなさい』と言うことではなく、『主よ、心からあなたを愛します』と言い表すことである」。主は既に赦してくださっているから、それを受け入れればよい。頭では分かっています。けれども、受け入れることができない。決して拒否しているのではないのです。ただ受け入れる力も気力もないのです。全く無力なのです。

それでも日常の生活は今までと何ら変わることなく再開されます。私もその中に戻ってゆきました。同じ世界で同じことをしているはずなのに、すべてが全く違うのです。「気分転換」にと、ドライブをしたり、修道院を巡り黙想の時を持ったり……。気持ちを治めきれなくなった時には、信頼する人たちに相談し、思いのすべてを吐き出しもしました。彼らには本当に支えられました。書物からも慰めと力を得ました。殊に『なぜ私だけが苦しむのか』（H・S・クシュナー）、『悲しみを見つめて』（C・S・ルイス）には多くの示唆を見出しました。授業が再開されると、学生たちの明るさや優しさ、また彼らとのちょっとした会話に心癒される思いがしました。しかし、独りになるとまた後悔や怒りが湧き上がってきて自分を責めてしまうのです、「もし……、……たら、……れば」と。

私を救ったのは、三男の言葉でした。ペンテコステ早天祈祷会の奨励の中で神学生だった彼がこう語りました。「……神学校に入ってから、僕がそれまで経験してきた病気による苦しみやそういった様々なことは、この日のためにあったんじゃないかと、そのように感じるようになりました。そのように感じるようになりましたというより、そのように思わずにはいられない。そうでなければ、あまりにも自分のそれまでの人生は理不尽すぎるのではないかとも思っていました……」。過去の苦しみはこの日のためにあった。あの過去があったから、今がある。しかし「今」

があるなら、「これから」もがあったのではないか……。そうも思いました。しかし、「彼は十分、生き抜いた」と確信することができました。彼は使徒パウロとその言葉を愛しました。そのパウロは、こう語ります。

生きるにも死ぬにも、わたしの身によってキリストが公然とあがめられるようにと切に願い、希望しています。わたしにとって、生きるとはキリストであり、死ぬことは利益なのです。けれども、肉において生き続ければ、実り多い働きができ、どちらを選ぶべきか、わたしには分かりません。この二つのことの間で、板挟みの状態です。一方では、この世を去って、キリストと共にいたいと熱望しており、この方がはるかに望ましい。だが他方では、肉にとどまる方が、あなたがたのためにもっと必要です。（フィリピ一章二〇～二四節）

コリントの信徒への手紙二の一二章では、「第三の天」（二節）、「楽園」（四節）にまで引き上げられた経験を第三者の経験として述べています。息子は愛するパウロと共に生き、神を賛美している。こちらに戻りたくないのは当然です。妻を亡くしてからずっと支え続けてくださっているシスターがお便りをくださいました。

一度だけ唐崎の水辺におられた姿をお見かけしました。一度、ゆっくり来られたらよいのにと思っておりましたが……。牧師になられるお気持ちがあるとお伺いしていましたのに！幼いころからそんなに病身だったとは知りませんでした。きっと、心身ともに闘っておられたのですね。故奥様（お母様）は息子さんの事を気にかけておられ、それだけにお母様の死は息子さんにとっては大きい出来事だったのですね。今は、神のもとでお母様と再会され、地上では出来なかった賛美を捧げる牧師職を果しておられることと信じます。

西田様のご懸念、ご苦労のすべてをご存じですから、天国から見守ってくださっていると思います。それにしても、度重なる悲しみ、心中をお察しいたします。只、奥様のときもそうでしたが、ご自分を責めないでください。神のなさることは、私たち人間にわかることは出来ません。慈しみにあふれる神のはからいを信じて下さい。神のなさるままにすべてを委ねることによって希望と平安が得られますように心からお祈りいたします。心の癒しがありますように、祈りつつ。

天上での牧師職、神はどのような人をその職に召されるのか……。神の基準は人間のそれとは全く異なるものでしょう。神は息子をそれにふさわしいとされた、感謝だ。同時に、牧者として地上に働く私たちの在りようが問われる気がしました。

しかし、後悔や怒りの念は岸に寄せる波のように満ち引きを繰り返します。三男が亡くなって二か月過ぎた頃、「乾き切らない水溜り」、「サイドブレーキを引いたまま運転している」と私の心を描写する言葉を信頼する二人の方から聞きました。私の心そのものでした。「時間をかけるしかない」と自分に言い聞かせ、覚悟を決めようとしたものの、なかなか気持ちは晴れません。やがて、「私は自己憐憫に留まろうとしているのか……」と自問するようになりました。C・S・ルイスは、愛妻を失った直後の気持ちの一端を次のように記しています。

自分の悩みのことを多く考えて彼女の悩みを考えること、はるかに少ないとは、いったいわたしは愛する者のどういう類なのだろう。「戻ってきておくれ」と呼ぶ、正気の沙汰ならぬ声さえすべてわがためなのだ。よしんば帰ってきたとして、それが彼女にとって良いことかどうか、わたしは一度も尋ねてみたことさえない。(28)

彼は悲しみの自分に捉われていたのです。私も同じでした。その捉われ――自己憐憫に似たもの――を脱して自分を凝視《みつ》める地点に何とか立とうとするのですが、〈悲しみ〉の淵《ふち》はなお深く目の前にあります。下りて行くことも跳び越えることもできない自分を知ることが強いられるかもしれません。しかし、それ自体が目的ではないのです。目的は、事実――神が為したことを知る、そしてそれを知らせることです。

人間の究極的な存在理由（目的）は、神を表わすことです。「生きるにも死ぬにも、わたしの身によってキリストが公然とあがめられるようにと切に願い、希望しています」（フィリピ一章二〇節）とパウロが言ったのは、そのことなのです。ルイスも彼の妻も神を表わすために生き、そして死んだのです。それぞれの「生」を、また「死」を通して神があがめられたのです。やがて彼は、「神の観念ではなく神そのものを、H（彼の妻）の観念ではなくHその人を」事実として知ることになります。その経験を彼は、「ふれあい」「親近感」と呼びました。その経験は、「冷たく、色褪せた、そして味気ないもの」でもなければ、「霊的、神秘な、聖なる」というものでもなかったと言います。

> ごくおしまいに近くなってから、一度わたしは言った。「もしおまえにできるなら――もしゆるされるなら――わたしも死の床にあるときに、わたしのところにきておくれ」。「ゆるされるですって！」彼女は言った。「わたしの行った先が天国だとしても、ひとすじなわでは、わたしをひきとめるわけにはゆかぬでしょうし、地獄なら粉々に打ち破って出てきてあげるわ」。……わたしたちの理解はおよばない。あるいはもっとよきものは、わたしたちのもっとも理解のおよばぬものなのだ。……彼女が「わたしは神のみもとに安らいでいる」――

臨終間近に彼女の言った言葉――と言ったのは、わたしにではなくて牧師にだった。彼女はほほえみはしたが、わたしにではなかった。「そして彼女は永遠の泉に身をむけた」(29)。

数日前、「乾ききらない水たまり」の心を抱えながら、私は近所の遊歩道を散歩していました。日が暮れて、明かりといえば街路灯しかない道で、行き交う人はほとんどいません。ある書物で勧められていた「亡くなった人に語りかけてみては……」を実行してみようと思うほど心の水たまりは深くなりかけていました。妻に語り始めました。「ごめんね、悪かったね……」、やっぱり最初に出てきたのは赦しを求める言葉でした。しばらく自分の思いを伝えて、「戻れないよね……?」と訊ねた問いに答えたのは彼女ではない声(思い)でした。「それはできない」、私には神のものだと思えました。「それができないなら、こういう形での遣り取りはよいのですね」と思いを伝え続けました。すると私の中に語りかけてきたのは英語でした。妻と私は英語で思いを交わしました。「何で英語なの?」私が訊いてみると、「だって英語、喋れるようになりたかったんだもの」と彼女。決して上手だとは言えなかった彼女の英語は今はとても流暢でした。これが、ルイスの言う「ふれあい」「親近感」なのかと思いました。祈りは神との対話だといいます。しかし、それは神と私だけのものではなく、先に逝った者を含む「私たち」の会話なのかもしれません。私たちは神への祈りが聴かれていると信じています。それならば、天上で神と共にいる愛する者たちが聴いているとしても何の不思議もありません。

その夜、彼女の夢を見ました。私たち二人はレジスタンスの同志のようでした。淡い光の下で二人は跪き、身ごもっている女性を気遣うかのように私は彼女の肩とお腹に手を置いていました。生前、彼女に表し切れなかった思いを込めた行動のように感じました。とても落ち着いた、平安なひと時でした。「死者は詫びに来ることはできません。生きて残る者に自分をゆだねるしかありません」。この世で働くことのできるのは、生きている者のみに許されているのです。この世での働きを成し終えた死者の思いは、神の御旨と同じなのです。これは、彼らが神になったということではありません。彼らは神と共にいるので、思いは一つであるという意味です。妻は私に何をゆだね、託しているのでしょう。見た夢の中に手掛かりがあるかもしれません。それを見出し、行うことこそ神の御旨であり、彼女の思いでもあるでしょう。同時に、先に逝った次男と三男の願いでもあります。地上で私が何かを行う、それは私たち四人が神と共にその業を行っているということなのです。

死を含めた私たちの人生には、それぞれが負うべき苦しみがあります。それは各々が負うしかないのです。その苦しみの中には愛する者自身によってもたらされることもあります。その一つが彼らの死です。愛するからこそ、愛したからこそ、必然としてしか理解していなかった死が苦しみを増して、客観性を超えて個人的に迫ってくる……。冷静かつ客観的に受け止められるはずがありません。それは個人で通り抜けるしかない道なのですが、独りで負いきれる重荷ではありません。私の場合がそうであったように、助けてくれる人が必要です。書物に助けを求めることもできます。しかし、読む気すら起こらない時もあるはずです。その時は、言葉にするしかないのかもしれません。

そうです、すべての出来事にもかかわらず。しかしその言葉にしても、みずからのあてどなさの中を、おそるべき沈黙の中を、死をもたらす弁舌の千もの闇の中を来なければなりませんでした。言葉はこれらをくぐり抜けて来、しかも、起こったことに対しては一言も発することができませんでした、――しかし言葉はこれらの出来事の中を抜けて行ったのです。抜けて行き、再び明るい所に出ることができました――全ての出来事に「ゆたかにされて」[30]。

妻は書くことで救いを求めていたのかもしれません。書くことには祈りが伴います。三男の死をきっかけに見つけた妻の日記もそのようなものだったと思います。そこには彼女の怒りや不信感が記されていましたが、大半が聖書の御言葉の書き写しでした。まるで写経でもしていたかのように。彼女は自分と周りを見つめながら、神と向き合い、祈っていたのです。神がそれを迫っていたとも言えましょう。残された彼女の言葉は「ゆたかにされて」いました。「ゆたかにされて」、辿り着いたのが聖書の言葉だったのです。「わたしは神のみもとに安らいでいる」と彼女もルイスの妻と同じように語っているに違いありません。しかし、私には気に懸かることがひとつあります。それは、なぜルイスの妻は彼にではなく、牧師に向かってそう言ったか、です。牧師を信頼していたからでしょうか……。私には他の理由があったように思えて仕方ありません。そこには、牧師の在りようを問いかける何かが含まれているように感じるのです。

二六年前、妻や姉そして養護学校の先生たちと共に次男を天へ見送りました。臨終が告げられる直前、白い衣を身にまとった七歳くらいの男の子が後ろを向いたまま手を振りながら、天国へ続く階段をすっと上って行きました。その子の後頭部にある十円玉ほどの大きさのはげ——長い入院生活のために褥瘡ができ、その跡が残っていたのです——から、それが次男であることが分かりました。今回の三男の入院中、集中治療室で意識のない三男に語りかけていた時、妻と次男が「こちらにおいで」と迎えに来たように感じました。思い込みか幻想か……。いいえ、

私は彼らと出会ったのです。そのような形での「出会い」は事実だと思います。負った傷の程度によって治療方法も変わります。少しの擦り傷や切り傷なら、絆創膏でよいでしょう。しかし、深い傷には手術が必要な場合もあります。神は様々な治療法（慰め方）をお持ちです。私に与えられた「出会い」の経験は信仰の深さによるのでもなく、神がご自分の存在を証明するために用いる手段でもありません。神はただ傷ついた者を慰めたい、そのための最善の方法をご存じなのです。神が用いるのは、それが人であれ、神が為された業であれ、「事実」そのものなのです。

「悲しんでいる人たちは、さいわいである。彼らは慰められるであろう。」

（マタイ五章四節、口語訳聖書）

神は愛、愛することしかできない神。その神が悲しみを許すとすれば、そこには目的がある。その目的とは、悲しみを通って赦しと恵みを知らせること。だから、悲しんでいる人たちはさいわい。なぜなら、悲しんでいる人たちは、他人《ひと》からの慰めを「ありがとう」と素直に受け止めることができるから。そして、すべてをご存じの方からの慰めの思いを受け取り、ほかの悲しんでいる人を、今度は自分が慰めることができるから。

二六年前のその時、私にはまだ、生きる意味と理由がありました、残された妻と二人の子どもたちのために、という。妻を失った時もまだ、生きる意味と理由はありました。神学生になったばかりの三男を育てることでした。しかし、三男を亡くした時、生きる意味も理由ももはや存在しない。長男は独立して、海外に住んでいる。私にはもう失うものも守るものもないと思えました。

息子を早老症で失ったユダヤ教のラビ（教師）H・S・クシュナーは、著書の最後でこう言います。

アーロン（彼の息子）の生と死を体験した今、私は以前より感受性の豊かな人間になったし、人の役に立つ司牧者になったし、思いやりのあるカウンセラーにもなったと思います。でも、もし息子が生き返って私の所に帰ってこれるなら、そんなものはすべて一瞬のうちに捨ててしまうことでしょう。もし選べるなら、息子の死の体験によってもたらされた精神的な成長や深さなどいらないから、一五年前に戻って、人を助けたり助けられなかったりのありきたりのラビ、平凡なカウンセラーとして、聡明で元気のいい男の子の父親でいられたら、どんなにいいだろうかと思います。しかし、そのような選択はできないのです。(31)

私が経験した妻や子どもたちの生と死によって、私が「人の役に立つ司牧者になったし、思いやりのあるカウンセラーにもなった」か……、よく分かりません。そうしたことはどうでもよいことなのです。それは私が決めることではありません。変わらぬ事実として私の前に存在しているのは、今、私は生きている、そして、私の前には誰彼《だれかれ》が、殊に学生たちがいる、という事実なのです。クシュナーは、こうも言っています。

> 私たちが問うべきなのは、「どうして、この私にこんなことが起こるのだ？　私がいったい、どんなことをしたというのか？」という質問ではないのです。それは実際のところ、答えることのできない問いだし、無意味な問いなのです。より良い問いは、「すでに、こうなってしまった今、私はどうすればいいのだろうか？」というものでしょう。[32]

「今、私はどうすればいいのだろうか？」。至極、当たり前の問いかけです。私にとって、答えはパウロが事実として伝えたこと、「イエスが死んで復活された……。神は同じように、イエスを信じて眠りについた人たちをも、イエスと一緒に導き出してくださいます。……このようにして、わたしたちはいつまでも主と共にいることになります。ですから、今述べた言葉によって励まし合いなさい」（一テサロニケ四章一四〜一七節）を公言することに他なりません。

真　理

真理によって基督を解くのではない
基督によって
真理の何であるかを知るのだ

（八木重吉[33]）

3　しかし、わたしは主によって喜ぶ　（ハバクク三章一七～一九節）

ハバククは紀元前六〇〇年頃、南ユダで活躍した預言者です。当時、北イスラエルは東から侵入してきたアッシリアの支配下にあり、南ユダはかろうじて存続してはいましたが、宗教は異教化（アッシリア化）していました。やがてアッシリアに代わって興ったバビロニアが北から迫り、南からはエジプトが侵入してきました。迎え撃ったユダの王ヨシヤは戦いの最中で命を落とします。善き王としてユダを治めていたヨシヤは、偶像礼拝の廃止などの宗教改革を敢行していました。しかし、ヨシヤの死後、民は「ヨシヤの神は無力だ。改革は誤りだった」と考え、異教へ逆戻りしてしまいます。民は、腐敗・混乱・不義・不法へと陥っていきます。その中で、ハバククは神に訴えます。「なぜ聞いてくださらないのか」、「なぜ、助けてくださらないのか」、「なぜ、黙っておられるのか」。ハバクク書一章は、このような訴えや嘆きで満ちています。二章に入り、神は答えをくださいます。しかし、それは期待していたものとは違いました。「もしおそければ待っておれ。それは必ず臨む。滞りはしない」（口語訳）が神の答えでした。人に全き信頼を要求する強い言葉です。「じたばたするな。ただ待て」というのです。「人は『今』だけを見て、一喜一憂しがちだ。しかし、神の摂理は一時的なものではない。遠大なご計画、完成を目指してのご配慮に基づく」と言った人がいます。理解できない……、しかし愛の神の支配の内に自分はあると信じ、従いつつ、待つ。預言者がよく言うところの「待ち望む」ということです。神は断言します。「それ（解決）は、必ず臨む。滞りはしない」と。この神の言葉を信じて安んじるか、「なぜ、なぜ」と言い続けるか。これは、私たちに懸かっているのだろうと思います。二章四節には、使徒パウロや宗教改革者ルターが引用したあの言葉があります。「義人は信仰によって生きる」です。この言葉は次のように解することができるでしょう。「神に従う人は、単に神の存在を容認することや特定の教義を受容することによってではなく、人間を救うという神の不変の決意を信じ、その神に全存在をかけて信頼し続けながら生きる」と。

二章六～一九節の間で、五回にわたって「災いだ」に始まる神の裁きと叱責の言葉がユダの高ぶる者や不信仰な者に対して語られます。そして、二〇節の「しかし、主はその聖なる神殿におられる。全地よ、御前に沈黙せよ」との圧倒的な神の言葉の前にハバククはただ黙するしかありません。沈黙からやがて祈りが生まれてきます。三章三～一五節には神の大能と壮絶な力を謳う祈りが記され、一七～一九節での神への賛美をもってこの預言書は閉じられます。一七節の「いちじくの木に花は咲かず、ぶどうの枝は実をつけず、オリーブは収穫の期待を裏切り、田畑は食物を生ぜず、羊はおりから断たれ、牛舎には牛がいなくなる」は戦乱の惨禍を描いているのでしょう。「しかし、わたしは主によって喜び、わが救いの神のゆえに踊る。わたしの主なる神は、わが力。わたしの足を雌鹿のようにし、聖なる高台を歩ませられる」と一八～一九節は謳います。ハバクク書は嘆きに始まり、賛美に終わっています。「なぜ」「どうして」「いつまで」という嘆きが、「わたしは主によって喜ぶ」という賛美に変わっています。この変化は神との交わり、祈りの中で生まれるものではないでしょうか。状況がどうであれ、神は生きておられる。それゆえ、なお希望を持ち、神を待ち望む。そして喜び、楽しみ、踊りつつ生きる者であろう、と。そのように神は預言者ハバククを通して語っておられるのです。三谷隆正は言っています。

　世の人はしばしば嘆じていう、世の中のことは思うようにならないものだと。しかし私は思うようにならないが故に感謝したく思う。……私の思うようにならずして、神の思いたもうが如くになるが故に、かく信ずるが故に、安んじて活き、勇躍して躍り出ることができる。[34]

そして、ハバククは言います。「しかし、わたしは主によって喜ぶ」。この二つの偉大な「しかし」に共通していること、それは、いずれも「思わざる難儀」と「願わざる悲しみ」を経てきていること、なればこそ、神への絶大な信頼に立っていることではないでしょうか。

4　神に喜ばれるために　（一テサロニケ四章一三〜一八節）

四章の前半（一〜一二節）では、「主イエスに結ばれた者（キリスト者）」（一節）の日常生活に関する勧めがなされています。後半（一三〜一八節）は再臨についてです。再臨とは「復活し天に挙げられたイエス・キリストが終末の時に再び地上に来られること」で、その「目的は、罪の裁きと赦しを通して救いを完成することであり、キリスト者にとってそれは希望と喜びの出来事」です。「再臨」と聞くと、神学の話題でしかなく、何か遠い話のように感じるかもしれません。しかし、再臨はキリスト者の日常生活の一部なのです。今日を、明日を、死の時を、更に再臨の時を生きるための拠り所となるのが「イエスが死んで復活されたと、わたしたちは信じています」（一四節a）です。イエスの十字架と復活への信仰です。

迫害の中で懸命に生きていたテサロニケの信徒に、「イエスの十字架と復活を信じているあなた方は『神に喜ばれるために』（一節）生きているのです。『その歩みを今後も更に続けてください』（一節）」とパウロは勧めます。二コリント五章九節でも「だから、体を住みかとしていても、体を離れているにしても、ひたすら主に喜ばれる者でありたい」と記しています。

具体的には、不品行や「みだらな行い」（三節）を避け、自分の体を聖く保つことです。当時、テサロニケを含むギリシア一帯では、不品行が問題にならないほど横行していたようです。現代はどうでしょう。「情欲」(五節)には「金銭欲」の意味もあるとされ自己実現と欲望の満足とが同義語であるかのように動いている今の時代を思わされます。

「兄弟」(六節)と「兄弟愛」(九節)で示される人間関係に関しては、「踏みつけたり、欺いたりしてはいけません」(六節)また「互いに愛し合うように」(九節)と勧められています。イエスが「新しい掟」として遺されたのが「互いに愛し合いなさい」(ヨハネ一三章三四節)でした。児童虐待や家庭内暴力などの問題は言うまでもなく、些細と思われることにおいても「互いに愛し合う」ことができないでいる私たち、何かに苛立ちを覚え、すぐに「キレ」てしまう私たちへの勧めのように聞こえます。

日々の営みに関しては、「落ち着いた生活をし、自分の仕事に励み、自分の手で働くように努めなさい」(一一節)と記されています。「ことさら頑張る」というよりは「その歩み(今までの歩み)を今後も更に続けてください」(一節)、「今まで通り、こつこつと励んでください」、それがキリスト者の証になっている(一二節)とパウロは言っているように感じます。

一三節以降は、教会内で起こっていた再臨に関する誤解を解く目的があったに違いありません。再臨はすぐに来ると信じていた人が一部におり、期待通りに来なかったので、亡くなった人たちに対して嘆く者が出てきたようです。すべての出来事の「時」を知ることは人間に許されていいないのです。しかし、悲しんでいる人にそれを納得させることは非常に難しいです。悲しんでいるのは事実なのですから。そこでパウロは「主の言葉に基づいて」（一五節）語ります。「基づいて」は「完全な確信をもって」とか「神から直接」という意味もあるようで、パウロはいささかの疑いもなく説明を始めます。彼は死についての体系的知識の展開を試みません。死という現実に直面し、寂しさ・悲しさ・無念さ・後悔などが入り混じって何も手につかないでいる人、自分を赦すことも慰めることもできない人の傍らにパウロは真実の慰めをもって立つのです。彼の話を聞いたからといって、寂しさや悲しみ、無念さが無くなってしまったわけではないでしょう。しかし、キリストの中に、そしてその死と復活のなかに希望がある、永遠の命の約束がある。これを「知ってほしい」（一三節）。それによって慰め合おう。この慰め合いによって悲しみなどが消え去るのではない。望みを持ちつつ、悲しむしかない。憂いながら生きるしかない。しかしそれは、やがて感謝と賛美に変わる。私はそれを知っている。それが事実だから。そのようにパウロは訴えているのです。

その拠り所が、「イエスが死んで復活されたと、わたしたちは信じています」（一四節）なのです。そこから「神は同じように、イエスを信じて眠りについた人たちをも、イエスと一緒に導き出してくださいます」と続くのです。イエスは死を軽いものとはみなされませんでした。ゲツセマネの園では「この杯を取り去ってください」（マルコ一四章三六節）、十字架の上では「なぜ、わたしをお見捨てになったのですか」（マルコ一五章三四節）とおっしゃいました。死はイエスにとっても苦しいものでした。人として生を受けたからには、必ず通らなければならない死。しかし、詩編一三九編八節は「天に登ろうとも、あなたはそこにいまし、陰府《よみ》――死者が眠る暗い地下の領域。神との交わりが断たれ、逃れることができないとして恐れられていた――に身を横たえようとも　見よ、あなた（神）はそこにいます」と伝えます。キリストは陰府へさえ赴き、そこに留まらず、私たちを彼と共に導き出してくださったのです。「共にいたいと熱望し、はるかに望ましい」（フィリピ一章二三節、二コリント五章八節）とパウロに言わしめた「天」（一テサロニケ四章一六節）に愛する者たちは先に逝ったのですから、私たちは悲しみながらも感謝すればよい、心くずおれながらでも、神に思いのすべてをぶつけながらでも、進むしかないのです。

パウロの最大かつ究極的な望みは何だったでしょう。「いつまでも主と共にいること」（一七節）だったと思います。そして、そこには先に逝った者たちとの再会が待っています。それはパウロにとっても同じでした。その時まで、「励まし合い」（一八節）、慰め合いながら、決して住み易くはないこの世で忍びつつ生きてゆこう。これが、パウロを通して語られている神の思いなのです。

八木重吉の詩を紹介して、終わりましょう。

キリスト

キリストが十字架にかかって死んで
甦って天に昇ったので
私も救われるのだと聖書に書いてある
キリストが代わって苦るしんだので
私は信じさへすればいいと書いてある
私はキリストが好きだ
いちばん好きだ
キリストの云った事は本当だとおもふ
キリストには何もかも分かってゐたとおもふ
キリストは神の子だったにちがいない
キリストは天に昇ってからも
絶えず此の世に働きかけてゐるとおもふ
ポーロの言葉　使徒の言葉
すぐれたる信使の言葉

それ等は
キリストが云わせたのだと信ずる
そう云ふことの出来ぬほど
キリストが無能な者だとはおもわれぬ
再びキリストが来る
キリスト自身がそう云ってゐる
キリストが嘘を云ふ筈がない
そのとき
私自らは完全に悪るい人間だけれど
ただキリストを信じてゐる故にのみ
天国へ入れてもらへると信ずる[35]

報告——あとがきにかえて

大沼祐太

一〇年来の友人、西田玄《はじめ》兄のことを私は玄《げん》ちゃんと呼んでいます。フラワーアレンジメントをしていたこともあり、服のセンスもよい玄ちゃんは、澄み切った青空、フロリダでも見られた広大なブルースカイのあの色が特に好きでした。「相変わらずセンスのいい服、着てるね！」や「その青はどこで手に入れたの？」と声をかけるのが礼拝後の会話の定番だったと思います。そんな着飾る玄ちゃんが、「飾ったり、気取ったりしない信仰」という言葉をよく語っていました。「神学生としてこうあるべきだ」とか「牧師はこうあるべきだ」とか「クリスチャンはこうあるべきだ」というような考えを特に嫌っていたように思います。玄ちゃんが神学生になってから、教会の青年会修養会のテーマを考え、またその修養会の礼拝メッセージは必ず玄ちゃんが担当になるのが常でした。ギリギリまで聖書と格闘し、話されるメッセージは御言葉に忠実で、それでいてまったく飾りのない信仰がにじみ出ていました。素直にみ言葉から感じたことを、青年たちと分かち合ってくれました。時に若者があまり使わない言葉の表現を使い、お父様から深く及ぶものがあると感じられ、嬉しくまた微笑ましかったのを覚えています。

　幼い頃からの病気の為にあまり外には出ていない玄ちゃんを私はよく色々なところに連れ出しました。人混みを嫌うのに敢えてアウトレットの人混みに連れて行ったり、体調により叶わなかった青年会修養会のリベンジとして、夏に韓国ソウルに弾丸ツアーに行ったりもしました。猛暑で少し歩いてはカフェで休憩という旅でしたが、韓国の教会の熱さはどこにあるのかを考えながらの有意義な時でした。

フラワーアレンジメントの作品も爽やかでとても素敵なものでした。展示の中から見つけるのは、それほど難易度は高くなく、玄ちゃんが好きな青が映えている作品を探せばよいのでした。教会にも玄ちゃんの作品が飾られ、その花は人々を癒しました。教会学校で玄ちゃんが講師としてフラワーアレンジメントを子どもたちに教えるという企画もありました。後日、「一見無駄に思えた道でも、神様はこんなことまで用いてくださる、無駄なことなんて何一つない」というその言葉に、導きと恵みを共にすることができました。

私は玉川聖学院の教員をしていますが、よく学校での出来事や恵みについても語り合いました。若い魂の救いを真剣に考え祈る私の姿にも共感してくれました。ウガンダ戦争孤児の子どもたちのワトトコンサートにも来てくれました。そこで、夏の玉川聖学院フロリダ英語研修の様子を見に一緒に行ってみるか誘ったところ、アメリカの神学校への関心があり、部分的にでも行ってみるということになりました。「遅れてヌマに無事会えるのか心配だったけど、噴水の音がしたとき、これで大丈夫って、救われたぁって思った」とオーランド国際空港の噴水前で待ち合わせ成功。体調の様子を見つつ、無理せず、また外食も控えつつの自炊可能なコンドミニアムでの六日間。ケネディ宇宙センターやアウトレットモール、クリスチャンストアー、シーワールドを楽しんでいました。一日だけ生徒たちの英語研修の見学もして、その時の現地クリスチャンスタッフにアメリカの神学校について懸命に聞いている姿がとても新鮮でした。帰りのオーランド国際空港の中にあるチャペルで「神学生として、教会の一信徒の日曜礼拝を守るために来たと言えば充分な理由になるよね」と冗談を交わしつつ祈りを共にしました。

成田空港で荷物の受け取りに少し手間取り、予定のリムジンバスが終わってしまい、急遽渋谷行きのリムジンバスを手配。疲れがたまっている様子で「大丈夫？」との問いかけに「渋谷まで行けば分かるから大丈夫」「じゃ、また教会で！」この別れの挨拶が玄ちゃんと地上で交わす最後の会話になるなんて。

二〇一六年八月一二日に玄ちゃんの前夜式、一三日に葬儀が行われました。入院の知らせが入ってから回復を祈る毎日。しかし与えられたのはあまりにも受け入れ難い現実でした。大きな責任を感じ、経験したことのない悲しみの現実に神様に嘆く日々が続いていました。前夜式が始まる前、涙が止まらず、この現実から逃げたい一心の自分がありました。その中で、しかし、しっかりと向き合わなければと力の限り神様に礼拝・賛美を捧げました。「悔やむ」のではなく永遠の命の希望に「癒される」のがキリスト教の葬儀であるということは知識としては知っていたものの、死に打ち勝っている癒しをこれほどまでに体感したのは初めてでした。式辞の中で牧師を通して御言葉を受けた時、自分の中にあってどうしようもなかった悲しみ・後悔・苦しみの涙が、とても吸水の良いふわっふわのタオルで優しく拭われる感覚に陥り、ピタッと涙は止まり、式辞が終わる時には、永遠の命の希望が、残された者として神様がくださった使命に全力で臨もうとの決心が与えられていました。玄ちゃんが思い描いていた使命。一つ目は御言葉により弱い人に寄り添うこと。そして二つ目は子どもたちに分かりやすく御言葉を伝えること。私はこれらをしっかりと受け継いで、ミッションスクールでの役割をしっかり果たしていきます。

献花の時「一緒に歩んでね!」と玄ちゃんに語りかけて花を置き、「じゃ、今度は天国で!」と心の中で挨拶をしました。玄ちゃんのためにも私は全力で前に進んで行きます。この地上の生涯で西田玄兄と出会わせ、豊かな交わりの時を与えてくださった神様に心から感謝します。

主は与え、主は奪う。
主の御名はほめたたえられよ。（ヨブ記一章二一節）

西田　徹

こうした文も、自分を話すことになってしまう、いや、こうした文であるからだろうか。父から依頼があってすぐに書き終えたものは、読み返すほどに、これは違う、と思われてきた。まとめられるはずもない思いがあるばかりだ。

この三月、仕事に関わる大きな困難に遭った。「地獄というのはこの世のこと」と、どこかで読むか聞くかした言い方を実感するほどだった。自分の思いとしては、極限状態と表現し得るその体験があって、死というものへの恐怖や、人の死の悲しみというものに対する感覚が変わった。

死んだら次に行くところがある、それもものすごくよいところ。これを知っていて死の訪れが怖いとは思えない。肉体の苦痛も、残る人のことも考えると辛いけれど、そんなものは吹っ飛ぶくらいいいところだから何でもない。――だから…… 今与えられている宿命を全うするつもりだ。まだ、自分には、ここで、やらなくてはいけないことがあるんだなと自覚できる。子どもの頃から教会で、死んだら天国へ行くと聞かされ、何となくそうなんだろうなという感じを持っていたのが、確信にかわった。肉親の死に抱《いだ》いた悲しさや歯痒さはずっと自分の内にあったが、そのことを経て、みんなは最高にいいところにいる、と知るに至った。「見たのか」と問う人がいれば、「そうだ」と答えよう。尋常ではない、と思われようと…… もともと、人には異なる次元とつながる能力があり、それが極限状態で開花しただけのことのように思う。

だから…… むしろ羨ましい。自分より高い次元にいる人を心配するなどおかしいことだ、と思う。しかしその傍《そば》から、過去の断片的な思い出とか、してやれなかったことが過《よぎ》り、悔いや悲しみが湧いてくる。でも、それは自分の問題だ。三人は、そんな小さなこと、一パーセントだって気にしてない。自分も、そこに着いたら、ここであった大変なこと、怒りや不快とかも何とも思わないだろう。

三人は間違いなく、天国でよい時を過ごしている。玄が逝く前に、彼と話すこともできて、彼の心の方向も知っているから、玄の死の時、ことに悲しみは少なかった。どちらかというと、ねたましい……？　むかつく……？「むかつく」というのは、色々してやりたいことがあったのに、何もさせてもらえなかった。そうして、僕らのために先に往くという選択をした。

完敗だな　玄。

東京神学大学　執行委員会

西田玄さんは、二〇一四年に東神大の一年生に入学しました。G3になられた今年、体育委員会の委員長としてのご活躍は皆さんの記憶にも新しいと思います。西田さんは二〇一六年八月九日に三二歳で天に召されました。八月一三日、相模原教会において、葬儀が執り行われました。

夏休みが明けて、最初のチャペル礼拝にて、大住先生が彼のことに触れられて御言葉を伝えてくださったことで、驚きと悲しみをもって、この出来事を知った方もいたかもしれません。夏期伝道実習のただ中であり、かつ、長期休暇中の出来事であったため、このことを知らずにいる方がおられるかもしれません。そのため、彼を覚えてこの「かわらばん」特別号を発行することになりました。

西田さんは、生まれながら「オルニチントランスカルバミラーゼ欠損症」という先天性の病気を持っておられました。この病気は、八万人に一人が発症すると言われる難病で、高アンモニア血症を主な症状とします。

サッカーが好きだった彼は、今年も運動会の後に「サッカーやろうぜ」と体育委員のメンバーを誘っていました。本当は、過度な運動は控えなければならない持病がありました。彼の学校での爽やかな姿からは、想像し難い病を負っていました。

西田さんは、召命を受けて献身を志し、神の召しに懸命に応えようとしていました。東神大に入学してからも、月に一度の通院をしながら学んでいました。そのような自身の境遇から、教会に遣わされることに加えて、病院付きチャプレンとして仕える思いも与えられていました。病気のことで、「本当に献身の道を歩むことができるのか」という不安を抱えながらも、徐々にその志が神から確かに与えられたものであると確信し、懸命に応えようとしていました。

私たちの中には、志半ばなのではないかという思いがあります。しかし、同時に神の御許しなく召されないのであれば、彼は神に生きよと言われた命、彼に与えられた歩むべき道をすべて歩み切ったのではないかと思います。

私たちは「早すぎる出来事だ」、あるいは「彼は志半ばであったのに」というように思えるかもしれません。しかし、彼は歩むべき時をすべて歩みきり、主の「わたしのところに来なさい」という声に呼ばれて、彼は神の許に今あるのです。そうであれば、それは彼のやりきれなかった務めではなく、私たちに託された務め、果たすべき使命であるのではないかと思います。

彼は神のもとで時を待ちます。私たちも地上で、神の定めた時、主が来られる時、再会の時を待ちます。

どうかこの兄弟があなたのもとにあって与えられている平安と慰めを、ご家族の上に、また彼との親しい交わりをもった方々にも、お与えください。主の御名によってお祈りいたします。

西田恵一郎

きよき岸べに　やがて着きて、天つみくにに　ついに昇らん。
その日数えて　玉のみかどに、友もうからも　我を待つらん。
やがて会いなん、愛でにしものと　やがてあいなん。
愛のひかりの　消えぬさとに　たえし縁を　またも繋がん。

消えし星かげ　ここに輝き、失せし望みは　ここに得られん。
やがて会いなん、愛でにしものと　やがてあいなん。

親はわが子に、友は友に、妹背あい会う　父のみもと。
雲はあとなく　霧は消えはて、同じみすがた　ともに写さん。
やがて会いなん、愛でにしものと　やがてあいなん。

家内が愛してやまなかった讃美歌です。

「あなた聖書持ってる？」　二度目のデートの時、彼女はいきなり問いかけました。車のダッシュボードに入れておいた聖書を手渡しました。「今日は、彼女にあげよう」と何となく、その日の朝、入れておいたのです。私たちは留学中のロサンゼルスで出会いました。彼女は幼い頃、近所の教会の日曜学校に行っていたこと、ミッションスクールに通っていたこと、洗礼を受けようとしたけれど親の賛成を得られず、それっきり教会から離れてしまったことなどを話してくれました。そして、私が神学校で学んでいることを知り、もう一度聖書を読んでみようと思ったというのです。翌週から一緒に礼拝に出席するようになり、洗礼を受ける決心までにそれほど長い時は要しませんでした。しばらくして私たちは、その教会で結婚式を挙げました。結婚する時、私は「日本には帰らない」、「牧師にはならない」と宣言していました。「アメリカにいて、一般の仕事をしてもいい……」、いややはり「日本で、牧師に……」。私の中には迷いがあり、その時すでにカウンセリングの学びを始めていました。やがて、私はその宣言の二つとも破ることになります。

数年後、私は実家のあった松山市の病院でカウンセラーの職に就きました。横浜出身でアメリカが大好きだった家内にとっては見知らぬ地での日々は暮らすのだけでも大変だったはずです。三人の男の子を育て、ことに次男は帰国直後に肝臓の病が原因で重い障害を負っていました。「帰国の決断は間違っていた。あのままアメリカにいたら、病気にならなかったかもしれない。病気になったとしても、肝臓病治療の進んでいたアメリカでなら……」。私は何度も何度も悔いました。しかし、彼女は持ち前の明るさと積極性で皆から愛されてゆきました。「こんなに大変なのに、なぜあなたはそんなに明るいの⁉」彼女の友人たちがよく言っていた言葉です。後に私たちは上京しますが、夜遅いフェリーを、多くの友人たちが松山港桟橋に見送ってくれました。そのほとんどが彼女の友人でした。

宣教団からの招きがあったのは、松山に帰って三年目のことでした。子どもたちは定期的な通院と年に数回の入退院を繰り返しながらも、専任の職場以外にカウンセリングの機会が増え、生活は落ち着いてきました。しかし、「しっくりしない、何かが違う」という気持ちが常に揺れていました。そんなある日、外国語訛りの日本語で話す、その名に覚えはない男性から電話がありました。自己紹介もそこそこに、学生の頃受洗した私の姉から聞いたというや、だしぬけに「東京に来て、一緒に働きませんか」というのです。数日後、家内に「実は……」と切り出すと、「分かっているわよ、献身するんでしょ」。「えっ……、でも給料が四分の一に……」と続ける私に「何とかなるわよ」という答えが返ってきました。こうして、私たちの献身の道が始まりました。その後の六年間、彼女は伝道師夫人としてよく仕え、嫌な役割も引き受けてくれました。教会の外でも、いえむしろ教会の外の方が、彼女の影響力は強かったかもしれません。一九九〇年に次男が天に召された後、私たちに一つの転機が訪れます。信仰の先輩の勧めもあって、私は東京神学大学で学ぶことになり、二年間の学びと生活を支えるために、家内は経理事務の仕事を得ました。その会社の社長からも「お子さんを亡くして大変なのに、なぜあなたは……」とよく言われていたようです。彼女は言葉でキリストの証しをしたことも、彼を教会に誘ったこともなかったのですが、ある日、その方から「私を一度、教会へ連れて行ってくれないか」と頼まれ、近所の教会に同行したのをきっかけに彼は洗礼を受けました。

卒業と同時に私は横浜女学院に宗教主任として赴任しました。その年、妻は脳腫瘍に倒れ、翌年には心筋梗塞を患いました。その後の二〇年近くは不自由な生活でした。しかし、彼女から悲壮感は感じられませんでした。いつも何か面白いことを探し、そして、それを見つけているのです。そんな彼女に幾度となく救われて、今日の私があります。誇張ではなくそう言えます。生前、彼女は「御言葉を語りなさい。キリストを語りなさい。自分のことを話し始めたら、自慢話になってしまうから」とよく言っていました。冗談が好きで、「天衣無縫」と言えなくもない彼女の言葉としては、いささか生硬な、しかし、これが彼女の本質でした。実はとても伝統的で保守的でさえありました。

今は、子どもたちや多くの兄弟姉妹と共にイエス様と天上での豊かな時を過ごしていることでしょう。私がこの世での役割を終えて、仲間に加えてもらうまでにはもう少しありそうです。その間、「御言葉を語り、キリストを語る」ことから逸れないよう肝に銘じておかなければなりません。天から「何やってんの。自分じゃないでしょ、イエス様でしょう」と言われないように……。

苦しみはかつて私たちの許に来ました。今、来ているかもしれません。そして、やがて再びやって来ます。苦しみに捕らえられてしまったら、私たちは問いかけます、「なぜ？」と。詩人は言います、「苦しみにあったことは、良いこと」だと。苦しみそのものは良いはずがありません。それによって神のおきてを学ぶことができたから良いのです。「おきて」は御言葉です。御言葉はイエス・キリストです。苦しみを通してわたしたちは、イエスが「幾千の金銀貨幣に勝る」（詩篇一一九篇七二節）と知るのです。「悲しんでいる人たちは、さいわいである」（マタイ五章四節）にも通じるところです。
これが、脳腫瘍手術の入院以来彼女を支え続けた御言葉への私の理解です。

苦しみにあったことは、わたしに良い事です。
これによってわたしはあなたのおきてを学ぶことができました。

（詩篇一一九篇七一節、口語訳聖書）

（159ページ以下のこの私の文章は、二〇一四年三月二九日に行われた家内の告別式で語った説教です。三年経った今、改めて考えています、なぜ「苦しみにあったことは、良い事」か。「これによってわたしはあなたのおきて（聖書）を学ぶことができた」からです。おきてを学んだ今、問うべきは「すでに、こうなってしまった今、私はどうすればいいのだろうか？」（クシュナー）なのです。個々が経験した苦しみを用いる道は神様がご存知です。ふさわしい場・時・人・協働者は、その都度備えられます。先に召された者たちとの神の家族としての再会を待ち望みながら生きることも許されています。変わらない事実は、今、私たちは皆「福音の証言」のために生かされているということです。）

謝辞

玄が天に召されるまでの約一年間、彼は週日を神学校近くのアパート、週末は自宅で過ごす生活を送っていました。それまで、あまり話すことがなかった父子は共通の話題を見つけて話すようになりました。この本に収める玄の文章を整理しながら　私は耳を澄ませて、その声を辿りました。いつもパウロとの時がありました。「やり遂げたね」と玄に話しかけました。

すべての稿が揃い、この文を書くに至り、今気付いたように、「一粒の麦は、地に落ちて死ななければ、一粒のままである。だが、死ねば、多くの実を結ぶ」（ヨハネ一二章二四節）を思いました。玄――あるいは彼の死によって生まれたこの書物――が一粒の麦で、多くの実がやがて結ばれるのか……と。玄はきっとこう言うでしょう。「『多く』は数や量じゃないよね、ダディー。『いつかは何処かの岸辺に――おそらくは心の岸辺に』（パウル・ツェラン）届けばいいんだよ。誰かの心の岸辺にね」と。

地上の生活を共にしてくれた妻や子どもたち、またどんな時にも支え続けてくださったすべての方々に感謝します。

最後になりましたが、本書の出版を可能にしてくださいました新教出版社の小林望氏と優しくて素敵な絵を描いてくださったイラストレーターの竹脇麻衣氏に心からお礼申し上げたいと思います。

また、父子の共通の友人である佐藤いつ子さんに原稿精読を依頼し、語句の点検に手助けいただいたことを一筆書き留め、心からの謝意を表します。

もろもろの喪失のただなかで、ただ「言葉」だけが、手に届くもの、身近なもの、失われていないものとして残りました。それ、言葉だけが、失われていないものとして残りました。……わたしはこの言葉によって詩を書くことを試みました――語るために、自分を方向づけるために、自分の居場所を知り、自分がどこへ向かうのかを知るために。自分に現実を設定するために。（パウル・ツェラン）

注と参考文献

(1) カルバリとはキリストが十字架にかけられた郊外の丘。エミー・カーマイケル『カルバリの愛を知っていますか』三八頁、一九八九年、いのちのことば社
(2) バビロンのタルムード
(3) エマニュエル・レヴィナス／フランソワ・ポワリエ『暴力と聖性』内田樹訳、一一八頁一九九七年、国文社
(4) 『新約聖書ギリシア語小辞典』二〇一二年、教文館
(5) 山本安見訳詞、Billy Joel, Greatest Hits, vols 1 & 2
(6) ポール・トゥルニエ『生きる意味』、山口實訳、二〇〇七年、一麦出版社
(7) サン・テグジュペリ『星の王子さま』内藤濯訳、一一四～一一六頁、一九五三年、岩波書店
(8) 三浦綾子『塩狩峠』一九六八年、新潮社
(9) カーマイケル、三九頁
(10) 鈴木範久『道をひらく――内村鑑三のことば』一二二～一二四頁、NHK出版
(11) レヴィナス／ポワリエ、一一八～一一九頁
(12) 神谷美恵子『生きがいについて』三八頁、一九九四年、みすず書房
(13) 松永晋一『人は何によって生きるか』六三～六四頁、一九八三年、新教出版社
(14) 霜山徳爾『素足の心理療法』一〇頁、二〇〇三年、みすず書房

(15)『新聖書注解』新約2、三八九頁、いのちのことば社
(16)同、三八九頁。
(17)並木浩一『人が孤独になるとき』、一四六〜一四七頁、一九九八年、新教出版社
(18)深田未来生『講座、現代キリスト教カウンセリング1』、「第八章、カウンセリングにおける祈りと賛美」、一七〇頁、二〇〇二年、日本基督教団出版局、
(19)川崎司『高木壬太郎、その平凡の生涯をたどって』はじめに、二〇一〇年、近代文藝社
(20)ヘンリ・ナウエン『差し伸べられる手』三保元訳、一一二〜一一三頁、二〇〇六年、女子パウロ会
(21)東京新聞、二〇一一年一〇月一日「紙つぶて」
(22)八木重吉『八木重吉全詩集2』、貧しき信徒・詩稿Ⅲ、二八七頁、一九八八年、ちくま文庫
(23)八木重吉『八木重吉全詩集1』、秋の瞳・詩稿ⅠⅡ、三六六頁、一九八八年、ちくま文庫
(24)小川未明作、吉田稔美絵『金の輪』二〇〇六年、架空社
(25)『奥村一郎選集』①慈悲と隣人愛、六五頁、二〇〇七年、オリエンス宗教研究所
(26)オスカー・クルマン『新約聖書における祈り』川村輝典訳、二四五頁、一九九九年、教文館
(27)八木重吉『八木重吉全詩集2』、三〇八〜三〇九頁
(28)C・S・ルイス『悲しみをみつめて』西村徹訳、五八頁、二〇〇九年、新教出版社
(29)C・S・ルイス、一〇五〜一〇七頁
(30)パウル・ツェラン『パウル・ツェラン詩論集』飯吉光夫訳、六〇〜六一頁、一九八六年、静地社
(31)H・S・クシュナー『なぜわたしがだけが苦しむのか』斎藤武訳、二一四〜二一五頁、二〇一六年、岩波書店
(32)クシュナー、二一八頁

(33) 八木重吉、二五二頁
(34) 三谷隆正『幸福論』一九九二年、岩波文庫
(35) 八木重吉、二六八～二六九頁

その他の参考文献

・『新聖書注解、新約二』一九八〇年、いのちのことば社
・Cirese, Sarah, *Quest: A Search For Self*, Holt, Rinehart, 1977
・E・ル・ジョリ『愛に生きるマザー・テレサ』吉沢 雄捷訳、一九八一年、中央出版社
・『キリスト教組織神学事典』一九九二年、教文館
・山形謙二『隠されたる神』一九九一年、キリスト新聞社
・神田健次、関田寛雄、森野善右衛門編『総説 実践神学』一九九三年、日本基督教団出版局
・重兼芳子、前島誠『癒しは沈黙の中に』一九九〇年、春秋社
・永井春子『キリスト教教理』一九七八年、日本基督教会教育委員会
・エーリッヒ・フロム『生きるということ』佐野哲郎訳、一九九八年、紀伊国屋書店
・五木寛之『夜明けを待ちながら』一九九八年、東京書籍
・加藤諦三『自分を嫌うな』一九九三年、三笠書房
・Powel, John, S.J., *Why am I afraid to tell you who I am?* Argus Communications, 1969
・加藤常昭『加藤常昭説教全集17 十戒講話・ガラテヤ人への手紙』
・アントニー・デ・メロ『何を、どう祈ればいいのか』裏辻洋二訳、二〇〇六年、女子パウロ会
・Kushner, Harold S. *When Bad Things Happen to Good People*. Anchor Books. 1981

・Lagrand, Louis E. *Healing Grief, Finding Peace*. Sourcebooks. 2011
・Doka, Kenneth J. *Grief is a Journey*. Atria Books. 2016
・鈴木秀子『在すがごとく、死者は語る』一九九六年、クレスト社

著者

西田恵一郎（にしだ・けいいちろう）

1956年生まれ。ライフ神学大学実践神学部卒業後、アズサ・パシフィック大学心理学部編入。同大学院にて宗教哲学部現代ミニストリー学科病院付チャプレン専攻修了。帰国。天山病院・松山赤十字病院カウンセラー、教会牧師を経て東京神学大学組織神学部に学ぶ。横浜女学院、青山学院中等部に宗教主任としてそれぞれ10年勤務。その間にコロラド神学大学にて臨床牧会カウンセリング哲学博士号取得。現在、和泉短期大学児童福祉学科チャプレン・准教授。日本基督教団教務教師。

西田　玄（にしだ・はじめ）

1983年生まれ。神奈川県立湘南高等学校通信制卒業後、フラワーアレンジメントの資格（NFD 1級）取得。2013年4月、東京神学大学入学。2016年8月9日、同大学在学中に帰天。

事実によりて

福音の証言

●

2017年3月1日　第1版第1刷発行

著者……西田恵一郎・西田　玄

発行者……小林　望

発行所……株式会社新教出版社

〒162-0814 東京都新宿区新小川町 9-1

電話（代表）03 (3260) 6148

振替 00180-1-9991

印刷…… モリモト印刷株式会社

ISBN 978-4-400-52730-5　C1016

クドウあや 絵と文

せいなるよるのたからもの

出生前診断の結果に揺れる両親の苦悩と決断を通して、共に生きる喜びを描く。いのちの意味を考えるクリスマス絵本。解説＝玉井邦夫

B5判 1300円

M・ルター 藤田孫太郎編訳

祈りと慰めの言葉

〈新教新書14〉

悩める友のため、父のため、福音教会のために、聖書の言葉によっていかに祈り、いかに力づけられるかを説いた、ルターの手紙と説教。

新書判 1000円

C・S・ルイス 西村徹訳

悲しみをみつめて

〈C・S・ルイス宗教著作集6〉

著者59歳で結婚したヘレンは、間もなく病に冒されて世を去った。悲嘆の底から綴った魂の記録は、希有な心理分析と信仰の文学となった。

四六判 2000円

K・ラマー 浅見・吉田訳

悲しみに寄り添う

死別と悲哀の心理学

死別に伴う悲哀反応の様々なかたちを考察。援助者がなすべき寄り添い方を丁寧に説明する。ドイツの神学校等で定評ある教科書。

四六判 1800円

土井健司編

自死と遺族とキリスト教

「断罪」から「慰め」へ、「禁止」から「予防」へ

自死予防の最前線、自死者の葬儀、遺族の悲嘆に寄り添う人々、さらにキリスト教における自死の意味を問う者らが共同研究を行った成果。

四六判 2600円

カー夫妻 川越敏司訳

自殺者の遺族として生きる

キリスト教的視点

義理の娘を自殺で失った夫妻が、その喪のプロセスを克明に記録。また「自殺は大罪」という神学を克服し、遺族に真の慰めを与える。

四六判 2000円

価格は本体価格です。